丛书主编　汤重南

抗战十四年·中华儿女传奇

U0957529

蒋家河口战斗·韦岗战斗

韩洪泉　著

南京出版传媒集团
南京出版社

图书在版编目（CIP）数据

蒋家河口战斗·韦岗战斗 / 韩洪泉著. -- 南京：
南京出版社, 2018.8
（抗战十四年·中华儿女传奇）
ISBN 978-7-5533-2202-5

Ⅰ.①蒋… Ⅱ.①韩… Ⅲ.①抗日战争－史料－巢湖
②抗日战争－史料－镇江 Ⅳ.①K265.06

中国版本图书馆CIP数据核字（2018）第069921号

丛 书 名：抗战十四年·中华儿女传奇
总 策 划：卢海鸣
书　　名：蒋家河口战斗·韦岗战斗
作　　者：韩洪泉
出版发行：南京出版传媒集团
南 京 出 版 社

社址：南京市太平门街53号　　邮编：210016
网址：http://www.njcbs.cn　电子信箱：njcbs1988@163.com
联系电话：025-83283893、83283864（营销）　025-83112257（编务）

出 版 人：项晓宁
出 品 人：卢海鸣
责任编辑：崔龙龙　凌　霄
装帧设计：王　俊
责任印制：杨福彬

制　　版：南京新华丰制版有限公司
印　　刷：南京玉河印刷厂
开　　本：787毫米×1092毫米　1/16
印　　张：6.5
字　　数：71千
版　　次：2018年8月第1版
印　　次：2021年7月第2次印刷
书　　号：ISBN 978-7-5533-2202-5
定　　价：20.00元

用微信或京东APP扫码购书

用淘宝APP扫码购书

总 序

中华民族是一个有着5000多年文明史的伟大民族，为人类文明进步做出了不可磨灭的贡献。进入近代以后，由于列强的入侵和封建统治的腐败，中国落伍了，一步步沦为半殖民地半封建社会。特别是由于日本军国主义的野蛮入侵，中华民族濒临亡国灭种的境地。1931年9月18日，日本帝国主义悍然对驻守沈阳的中国军队发动进攻，制造了蓄谋已久的九一八事变。

“兄弟阋于墙，外御其侮。”面对日本军国主义的野蛮侵略，中华民族并没有在外敌面前屈服、倒下，而是更加同仇敌忾、奋勇杀敌。在整个抗战期间，在中国共产党领导的抗日民族统一战线指引下，中国各党派、各民族、各阶级、各阶层、各团体以及海外华侨华人义无反顾地投身到抗击日本侵略者的洪流之中，进行了艰苦卓绝的战争。特别由中国共产党领导的东北抗日联军、八路军、新四军更是在异常艰苦的条件下英勇抗击日本侵略者，取得了一个又一个骄人战绩。他们的英勇事迹在中华民族反抗外敌侵略的历史上谱写了光辉的一页，充分凸显中国共产党在整个抗日战争中的中流砥柱作用。最终中国人民取得了抗日战争的伟大胜利，宣告了世界反法西斯战争的完全胜利。中国人民抗日战争胜利是全体中华儿女的荣光。

2015年9月3日，习近平同志在《纪念中国人民抗日战争暨世界反法西斯战争胜利70周年大会上的讲话》中明确提出："中国人民经过长达14年艰苦卓绝的斗争，取得了中国人民抗日战争的伟大胜利，宣告了世界反法西斯战争的完全胜利。"在中央政治局第25次集体学习时，习近平同志进一步提出："要注重研究九一八事变后14年抗战的历史，14年要贯通下来统一研究。"2017年1月，教育部要求各级各类教材全面落实"十四年抗战"概念，把中小学地方课程教材中的"八年抗战"字样改为"十四年抗战"，并根据情况修改与此相关内容，确保树立并突出十四年抗战概念。这表明，长期以来认识不尽一致的抗日战争的起点问题，最终通过进入教材的形式加以解决。

"十四年抗战"概念的提出，体现了将九一八事变、东北抗战等局部抗战与1937年卢沟桥事变后的全面抗战作为一个整体来观照和研究，更能增强震撼力和感染力。另外，长期以来，中国抗日战争史就面临着被"西方中心论"者消解、忽视的境遇，作为第二次世界大战和世界反法西斯战争的东方主战场，中国战场的历史地位在欧美大中小学教材和研究著作中不被重视；而全面抗战爆发前的中国人民，特别是中国共产党领导的东北抗联的孤军奋战，更是鲜有人问津。"十四年抗战"进入中国国民教育系统，是扭转这一局面的重要举措，是在国际范围内建立自身历史话语权的现实需要。这也是对毛泽东主席所说的"伟大的中国抗战，不但是中国的事，东方的事，也是世界的事”“我们的敌人是世界性的敌人，中国的抗战是世界性的抗战”等论断的最好诠释。

此套丛书以通俗易懂的语言、引人入胜的故事、准确的历史史实，展现抗战期间在中国共产党领导下的东北抗日联军、八路军、新四军英勇抗敌的14个经典战役战斗事迹，再现波澜壮阔的敌后战场、机动灵活的战略战术和引以为傲的骄人战绩。向广大青少年表达中华儿女视死如归、宁死不屈的民族气节，不畏强暴、血战到底的英雄气概，百折不挠、坚忍不拔的必胜信念。同时，通过对中国共产党领导下的一个个经典战役、战斗的讲述，一方面，加强对青少年乃至全社会的历史传承，消除近年来“抗日神剧”等历史泛娱乐化所造成的认识混乱以及价值观扭曲，积极正本清源；另一方面，通过史实再次证明中国共产党在抗日战争中的中流砥柱作用，拆穿日本右翼势力矢口否认日本对中国发动的侵略战争、极力美化日本在中国所犯下的滔天罪行的惊天谎言。

“以史为鉴，可以知兴替。”当下，我们正走在实现中华民族伟大复兴中国梦的征途中，国家综合实力、人民生活水平都有显著提高。越是在这种时候，我们越是不能忘记为了实现民族独立、人民解放而抛头颅、洒热血的革命先烈和革命事迹。相信通过此套丛书的出版，必将具有深远的历史意义和极强的现实意义，也必将在国内外产生广泛反响。

汤重南

（中国社会科学院研究员、博士生导师，
中国日本史研究会名誉会长，中日历史共同研究委员会中方委员）

目　录

引 言

“光荣北伐武昌城下，血染着我们的姓名；孤军奋斗罗霄山上，继承了先烈的殊勋……八省健儿汇成一道抗日的铁流，东进，东进！我们是铁的新四军！”一首《新四军军歌》，把这支抗日铁军的光荣战史和奋斗历程写得激情澎湃、荡气回肠。

1937 年，日寇悍然发动全面侵华战争，七七事变，八一三事变，战火从华北燃烧到江南。中国人民奋起御侮，中国军队奋勇杀敌，给骄横不可一世的侵略者以沉重打击，也打破了日军“3 个月灭亡中国”的狂言。然而，由于敌强我弱的严酷现实，战争爆发后短短几个月的时间里，大片国土落入敌手，江南重镇先后沦陷。日寇一路烧杀抢掠，其暴行令人发指，其罪恶罄竹难书，尤其是持续 1 个多月、屠戮 30 多万生命的南京大屠杀，更是人类历史上的一场浩劫。

民族危亡之际，中华民族空前紧密地团结起来，奋起抗敌，共御外侮。全国抗战爆发后，国共两党再度合作，抗日民族统一战线正式建立。根据国共两党谈判的结果，在西北地区的红军主力改编为国民革命军第八路军（简称“八路军”），随即开赴华北抗日前线。在南方 8 省坚持斗争的红军游击队，则改编为国民革命军陆军新编第四军（简称“新四军”）。

新四军的前身，是在南方坚持斗争的红军游击队。各地主力红军长征后，他们在南方 8 省进行了 3 年艰苦卓绝的游击战争，保存了革命的火种。全国抗战爆发后，根据中共中央的指示，各地红军游击队陆续下山改编，换上国民革命军军服，走向了抗日杀敌的新战场。

军令大如山，杀敌不后人。1938 年上半年，新四军正处在草创时期，主力部队分散在大江南北，还没有来得及完成整训，而且在武器装备上不仅落后于日军，也落后于国民党军队。在这样的背景下，刚刚组建起来的新四军各部，不等不靠，边打边建，在战斗中锻炼成长。他

日军坦克侵入南京城

新四军臂章（1938年）

们迎着猖狂进犯的日军，勇敢地挺进敌后，挥师皖中，进军江南，在蒋家河口首战告捷，在韦岗痛击日寇，打赢了出师江北、江南的第一仗，不仅狠挫了日军的灼灼凶焰，而且打出了新四军的赫赫威名，为在华中地区长期坚持抗战、争取最后胜利奠定了基础。

“弯弓射日到江南，终夜喧呼敌胆寒；镇江城下初遭遇，脱手斩得小楼兰。”就让我们随着陈毅这首脍炙人口的《韦岗初战》，一起走近70年前的那场战争，去感受革命先辈的激扬豪情、澎湃热血，重唤起蛰眠已久的赤子情怀、凌云壮志吧！

一 | 江南沦陷

20世纪30年代，是中国近代历史上一段饱含着奋斗与挫折、荣光与屈辱的时期。内则有干戈纷扰、军阀混战，外则有强敌环伺、日寇进逼，真可谓内忧外患纷至沓来，人民生活在水深火热之中。

日本帝国主义久有侵华野心。近代以来，日本通过明治维新，效法西方，脱亚入欧，由落后国家而跻身强国之列。随着国力、军力的增强，日本的野心日益膨胀，中国成为首当其冲的侵略对象。及至20世纪30年代，日本对中国的侵略更是步步进逼：1931年，日本制造九一八事变，一举侵占东北地区，数月之间，我数十万国土、数千万同胞沦陷敌手。1932年，日本挑起一·二八事变，在上海大打出手，我十九路军奋起抵抗，但国民政府最终被迫与日本签订《淞沪停战协定》，其中有“中国军队不能在上海周围驻扎”等屈辱条款，同时规定“日本可以在上海驻兵，而且对其驻公共租界的海军陆战队没有数量上的限制”，这就为此后日军侵略上海开了方便之门。当时的报纸评论说：“彼则驻兵有地，撤军无日；我则人民惨遭炮火蹂躏，军警俱有明文束缚，如此协定，谓未屈服不可得也，谓未辱国丧权不可得也。”1933年，日军进占热河，中国军队在长城一线顽强抗击，损失重大，被迫签署《塘沽协定》。1935年，日本策动华北事变，企图将华北变为第二个“伪满洲国”，并逼签《秦土协定》《何梅协定》等不平等条约。1936年，日伪进犯绥远。1937年7月7日，日军在北京西南卢沟桥挑起事端，随即扩大对华战争，全国抗战由此爆发。

全国抗战爆发后，中日双方在华北排兵布阵的同时，也都将注意力转向江南地区。江南地区尤其是南京、上海等大城市，是当时中国的政治、经济、军事、文化重心所在，日本企图迅速迫使国民政府屈服，必然决定在东南地区扩大侵略。国民党政府在向华北增兵的同时，也加强了对上海日军的戒备，并派张治中担任京沪警备司令，研究在上海地区戒备日军、先发制人的战略对策。8月13日上午，日军在上海再次发难，向中国军队发动进攻，淞沪会战爆发。淞沪会战是抗战初期规模最大、战斗最惨烈的一场战役，对抗日战争的进程产生了重大影响。

淞沪会战爆发后，国民政府军事委员会将张治中的部队组编为第9集团军，向上海日军发起反击。8月14日起，国民党空军积极协同陆军作战，轰炸了日海军陆战队司令部和第3舰队，炸伤旗舰“出云”号，并多次在京沪杭上空击落、击伤日军战机。日军统帅部为扩大侵略，下令组建上海派遣军，任命松井石根为司令官，立即增派第3、11师团赶往上海。国民政府也陆续向上海地区增兵，又成立了第3战区，以冯玉祥为司令长官。日军在长江南岸的吴淞、张华浜等地强行登陆后，迅速扩大登陆场，向宝山发起攻击。守备宝山的第18军姚子青营，

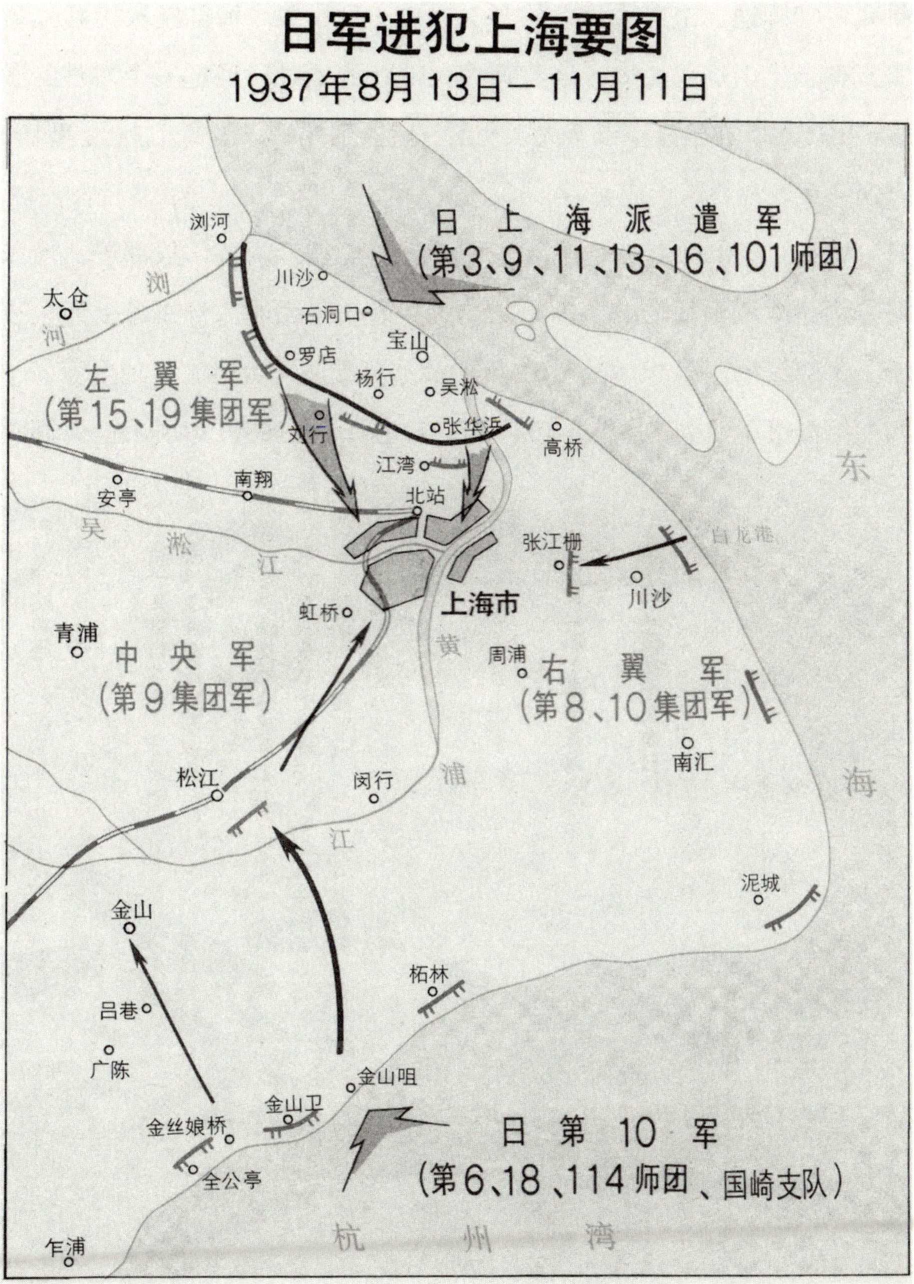
日军进犯上海要图
1937年8月13日－11月11日
日上海派遣军
(第3、9、11、13、16、101师团)
浏河
太仓
浏
河
川沙
石洞口
宝山
罗店
杨行
吴淞
左翼军
(第15、19集团军)
刘行
张华浜
高桥
江湾
东
安亭
南翔
北站
吴
淞
江
张江栅
白龙港
川沙
上海市
虹桥
青浦
中央军
(第9集团军)
黄
周浦
右翼军
(第8、10集团军)
南汇
松江
闵行
浦
海
江
泥城
金山
柘林
吕巷
广陈
金山咀
金山卫
金丝娘桥
日第10军
(第6、18、114师团、国崎支队)
全公亭
乍浦
杭
州
湾

日军进犯上海要图

拼死坚守阵地，击退了日军的多次进攻。日军集中海陆空火力猛烈轰击，整个宝山烧起大火，该营官兵大部壮烈牺牲。经过一个多月的激战，中国军队在给日军以重大杀伤后，后撤到北站、江湾、庙行、罗店、浏河一线，与日军形成对峙。

9月，蒋介石亲自兼任第3战区司令长官，调整作战部署，增派防御力量，淞沪战场的中国军队达到了5个集团军。日军见上海久攻不下，陆续增调第9、13、101师团及重藤支队（台湾旅）到上海，加入上海派遣军的战斗序列。10月间，日本海军、航空兵协同地面部队，

日军轰炸上海火车站南站，父母被炸死的孤儿在号啕大哭

向中国军队发起新的攻击。蒋介石急忙调第21集团军10个师加入战斗，向南北两路日军发起反击，但未能突破日军阵地。10月下旬，日军在庙行和陈家行之间突破中国守军阵地，攻占了庙行和大场。苏州河北岸的中国军队腹背受敌，被迫放弃北站、江湾阵地，向苏州河南岸转移。第88师第524团副团长谢晋元，率部在闸北西面的观音堂附近完成掩护主力撤退任务后，奉命率第1营官兵452人（号称“八百壮士”）继续坚守苏州河北岸的四行仓库，孤军奋战4昼夜，击退日军多次围攻。随后，他奉命率部退入公共租界，被租界当局羁禁于胶州路兵营。谢晋元等在租界期间，仍严格训练部属，拒绝日伪政权的威逼利诱，保持了忠贞的民族气节。

这时，日军大本营已经决定将侵华战争主要进攻方向从华北转向上海方面，从华北、东北和日本国内抽调部队，组建第10集团军增援上海。11月初，日军突然在杭州湾登陆，策应上海派遣军实施迂回包围。不久，上海派遣军和第10集团军奉命合编为华中方面军，由松井石根统一指挥，企图对上海守军迅速达成合围。由于战局急转直下，蒋介石下令全线撤退。11月12日，上海失守，淞沪会战结束。

淞沪会战历时3个月，中日双方都投入了大量精锐兵力。中国军队参战6个集团军约70个师共70余万人，日军参战达9个师团22万余人。中国军队英勇奋战，使日军付出了伤亡9万多人的重大代价，自身伤亡达到25万多人。这次战役虽然以中国丢失淞沪地区而结束，但迫使日军改变了战略主攻方向，为中国沿海工业的内迁赢得了时间，极大地激发了中国军民的抗战热忱。

上海沦陷后，日军乘胜追击，国民党军队在混乱中组织的防线先后被突破，江南战略要地相继失守。11 月 25 日，日军占领无锡；30 日，占领广德，开始部署向南京进攻。国民党政府一面部署迁都重庆，一面调兵固守南京，并任命唐生智为南京卫戍司令长官。唐生智就职后，虽然高调宣布誓与南京共存亡，但南京守军仅有 10 万来人，而且多属淞沪会战败退之师，战斗力大为减弱。12 月 5 日，日军向南京外围阵地发起攻击。战至 8 日晚，唐生智下令全线退守复郭阵地。9 日，日本华中方面军司令官松井石根向唐生智发出劝降书，限令次日上午答复。唐生智拒绝了日军的最后通牒，并下令各部队“应以与阵地共存亡之决心，尽力固守，决不许轻弃寸地，摇动军心”。10 日，日军向雨花台、

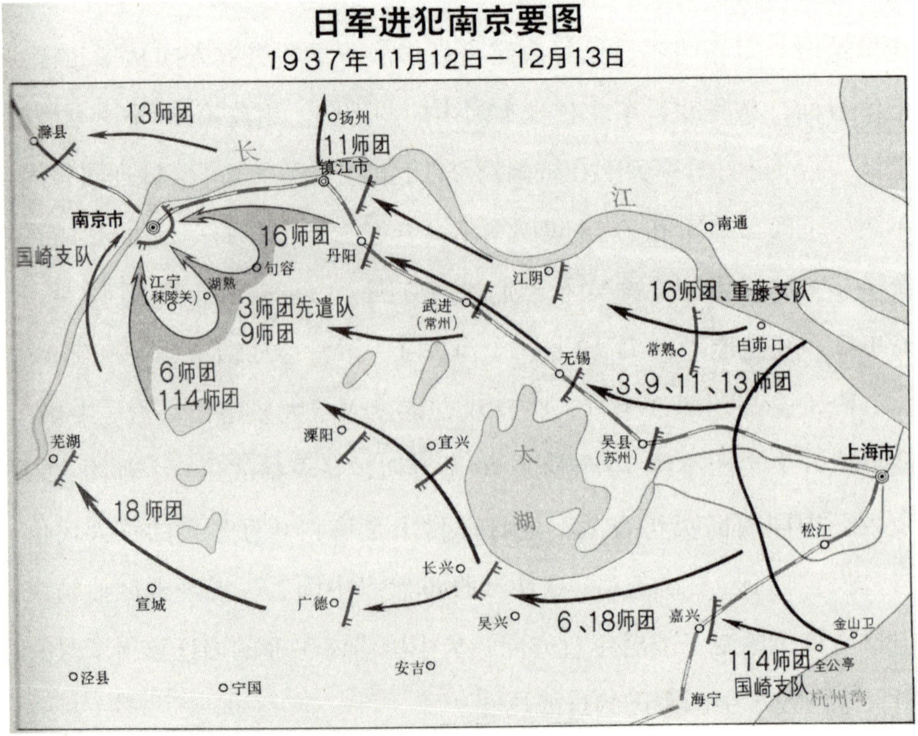

日军进犯南京要图

通济门、光华门、紫金山等处发起攻击，战斗异常惨烈，阵地数度易手。同一天，日军一部攻占芜湖，中国军队的退路被切断。战至12日，各路日军发起总攻，中国守军顽强抵抗，终因敌军炮火猛烈，雨花台、紫金山等要点相继失守，城内防御部队也陷于混乱状态。当日下午5点，唐生智下令部队突围。由于各军指挥混乱，造成争相夺路奔逃的局面，除66军、83军两部成功突围外，其他部队均未能有效突围。13日，南京城在一片混乱中被日军占领。据统计，在撤退中及因滞留城中而被日军屠杀伤亡的官兵，占整个战场伤亡数的85%。

在南京城，日本侵略者进行了长达6周的大屠杀，犯下了滔天罪行。日军于13日进入南京城后，各部队实行所谓“分区扫荡”。当时南京城已停止抵抗，但日军仍制定了“不留俘虏”的野蛮方针，以搜索混入平民中的中国军人为名，有计划地大规模屠杀没有武装的中国军民，妄图以恐怖行动迫使中国人民屈服。

12月15日下午，一队日军在军官指挥下，在司法院等难民收容所中捕捉没有武装的中国军、警和平民2000余人，押至汉中门外，用机枪、刺刀集体屠杀后焚烧。当晚，在海军鱼雷营集体射杀9000余人。此后，在鱼雷营和宝塔桥一带，日军又多次押解大量平民，逼迫他们跳江，或用机枪射杀，前后累计屠杀3万多人。18日，日军在草鞋峡进行了疯狂的大规模屠杀。当时，大批中国军民逃至城外，因无船渡江被日军捕捉。这天晚上，日军将被俘军民57400余人驱赶至草鞋峡，用机枪扫射、刺刀杀戮，最后浇上汽油焚烧，残骸投入长江。在燕子矶一带，大批中国军民云集，未能渡江避难，日军赶到后，立即将徒手军民围禁沙滩，用机枪射杀达5万余人。根据战后中国审判战犯军事法庭调查统计，仅集体屠杀案就达 28 起，被害人数高达 19 万人。

除集体屠杀外，日军还肆意滥杀无辜，甚至把残害中国人当作消遣解闷、寻欢作乐的手段，简直是无事不可杀、无人不可杀、无地不可杀、无术不可杀，其残忍凶暴、灭绝人性，令人发指。日军第 16 师团的两个少尉军官向井敏明和野田岩（即野田毅），自侵入江苏句容时起，就约定“举行单项刺刀友谊比赛，看谁能在完全占领南京之前，首先用军刀杀死 100 名中国人”。日军进至紫金山时，野田杀了 105 人，向井杀了 106 人，两人竟举刀狂笑，摄影留念，照片上写有“百人斩竞争之两将校”字样。随后，两人又开始了谁先杀满 150 名中国人的比赛。根据统计，经慈善机构收留而被日军零星屠杀的，多达 15 万人。日军前后在南京屠杀中国人民的总数，则达到 30 万以上。

日日新聞

第二萬二千五十二號

百人斬り"超記錄"

向井106－105野田

兩少尉さらに延長戰

【紫金山麓にて十二日淺海、鈴木兩特派員發】

百六對百五といふレコードを作つて十日正午兩少尉はさすがに刃こぼれした日本刀を片手に對面した

"百人斬り競爭"の兩將校

（右）野田巖少尉（左）向井敏明少尉

日本东京《日日新闻》上刊登的日军杀人比赛报道

二战胜利后，南京大屠杀的主犯松井石根由远东军事法庭判处绞刑，谷寿夫、向井敏明、野田毅、田中军吉等战犯，经中国审判战犯军事法庭严正审判，判处死刑，立即枪决，以安慰我遇难同胞在天之灵。

在全民族抗战爆发的最初几个月里，日军虽然占领了中国大片土地，侵入国民政府统治重心的江南地区，但中国军队的顽强抵抗，打破了日军“三个月占领中国”的狂妄梦想，为坚持抗战、争取胜利创造了条件。日本侵略者在占领地区肆行不义，无耻暴行罄竹难书，不但受到世界上所有正义力量的谴责，而且激发了中国人民抗日到底的决心。日本妄图用暴行迫使中国屈服，结果适得其反，促使中国人民更加紧密地团结起来，共御外侮，浴血杀敌，为中华民族的独立解放，为驱逐残暴日寇出中国，而前仆后继、英勇战斗。

二 | 重建铁军

“兄弟阋于墙，外御其侮。”在日寇疯狂侵略、民族危机严重的关键时刻，国共两党再度合作，抗日民族统一战线逐步建立起来。根据国共两党谈判的结果，在西北地区的红军主力改编为国民革命军第八路军（简称“八路军”，后按作战序列改为第18集团军，但八路军的名称一直沿用下来），朱德任总指挥，彭德怀任副总指挥；在南方8省坚持斗争的红军游击队，改编为国民革命军陆军新编第四军（简称“新四军”），叶挺任军长，项英任副军长。从此，数万红军将士摘下心爱的八角帽，换上国民革命军军服，走上了抗日杀敌的新战场。

新四军的前身，是在南方坚持斗争的红军游击队。1934年10月至1936年10月，南方各根据地的红军主力先后离开苏区，踏上战略转移的征程，在西北地区胜利会师，这就是举世闻名的两万五千里长征。同一时期，留在长江南北各苏区的红军和游击队，在各地党组织的领导和人民群众的支持下，在项英、陈毅等的直接指挥下，在江西、福建、浙江、安徽、河南、湖北、湖南、广东等8省15个地区，坚持了3年

项英

艰苦的游击战争，既在战略上配合了主力红军的长征，又保存了革命的火种，成为后来抗日战争在南方的重要战略支点。

项英（1898 ~ 1941），原名项德隆，湖北武昌人。杰出的无产阶级革命家，工人运动的著名活动家，中国共产党和红军早期的领导人之一，新四军的创建人和主要领导人之一。1922 年，加入中国共产党，成为湖北最早的产业工人党员。长期在武汉、上海等地从事工人运动和党的工作，曾任平汉铁路总工会总干事、中共中央职工运动委员会书记，参与领导平汉铁路工人二七大罢工、沪西日商纱厂工人罢工、收回汉口英租界等斗争。1928 年起，先后任中共江苏省委书记、中华全国总工会委员会委员长兼中共党团书记、中共中央长江局书记、苏区中央局代理书记、中华苏维埃共和国副主席、中华苏维埃共和国中央革命军事委员会代理主席等。1934 年 10 月中央红军主力长征后，任中共苏区中央分局书记、中央军区司令员兼政治委员，与陈毅等领导了 3 年游击战争。全国抗战爆发后，参与筹建新四军，任新四军副军长，领导开展华中抗日斗争。1941 年 1 月，在皖南事变中被叛徒杀害。

陈毅（1901 ~ 1972），四川乐至人。久经考验的无产阶级革命家、政治家、军事家、外交家、诗人，中国人民解放军的创建者和领导者之一，中华人民共和国元帅，党和国家的卓越领导人。1923 年，加入中国共产党。1927 年，参加南昌起义。后任起义部队第 25 师 73 团政治指导员，

陈毅

并率部参加湘南起义。1928 年，与朱德等率领部队到达井冈山，与毛泽东领导的红军会师。先后任红 4 军师长、军委书记、政治部主任、前委书记，红 6 军政治委员，中共赣南特委书记，红 22 军军长，江西军区总指挥兼政治委员等。1934 年 10 月中央红军主力长征后，任中华苏维埃共和国中央政府办事处主任，与项英等一起，率留在苏区的红 24 师和地方武装共 1.6 万余人抗击敌人，掩护主力进行战略转移，并坚持南方 3 年游击战争。全国抗战爆发后，参与筹建新四军，先后任新四军第 1 支队司令员、江南指挥部指挥、苏北指挥部指挥、华中总指挥部代总指挥、新四军代军长、新四军军长兼山东军区司令员等。解放战争时期，历任华东军区司令员、华东野战军司令员兼政治委员、第 3 野战军司令员兼政治委员等。新中国成立后，先后任上海市市长、国务院副总理兼外交部部长、中央军委副主席、全国政协副主席等。1955 年，被授予元帅军衔。

南方 3 年游击战争是异常艰苦的。由于红军主力的转移，国民党军很快攻入苏区腹地，进行分割“清剿”，一些苏区有几十万群众被杀害，出现了一片片无人区。留下来坚持斗争的红军，根据中共中央指示，采取“小游击队的形式，有计划的分散活动”，按照“占领山地，灵活机动，伏击袭击，出奇制胜”的游击战原则，分散开展游击斗争。由于敌情严重，红军在初期受到重大损失，何叔衡、贺昌、阮啸先、刘伯坚、毛泽覃等先后牺牲，瞿秋白等被捕就义。各地区的红军继续坚持与敌人斗争，逐步形成了多块分散独立的游击区，主要有：

赣粤边游击区。1935年3月，项英、陈毅等率余部300多人，由中央苏区突围后，到达江西、广东交界的油山地区，与当地游击队会合。他们向中共中央发出最后一封电报，报告了部队突围情况。收到中央回电后，因为中央更换了密码，电文无法译出，项英便命令埋藏电台、烧毁密码。从此，在与中央失去联系的情况下，继续孤军奋斗。他们根据中央2月指示精神，坚持“依靠群众，坚持斗争，积蓄力量，创造条件”的斗争方针，在以油山为中心的赣粤边坚持斗争，先后挫败了国民党军的3次“清剿”，保存了革命的力量。

闽西游击区。1935年春，陈潭秋等率领从中央苏区突围的红24师余部100多人，到达福建西部，与当地红军会合后，共同坚持游击斗争。经过艰苦斗争，先后粉碎国民党军的两次大规模“清剿”。1936年初，根据中共中央关于“开展抗日反蒋统一战线”的指示精神，红军游击队改称“抗日讨蒋军”，积极进行抗日宣传和统战工作，部队一度发展到近2000人。

皖浙赣边游击区。闽浙赣苏区第五次反“围剿”失败后，红军余部转战赣东北和皖浙赣地区，会同其他各部红军游击队，共同组成皖浙赣独立团，并确定了广泛开展游击战争、巩固以鄣公山为中心的游击根据地的斗争方针。后来，皖浙赣边的游击战争发展到30多个县。1936年底，游击武装曾达到3000多人。

鄂豫皖边游击区。红25军长征后，留在这一地区的红军组成第28军，依托大别山坚持开展游击斗争，打破了国民党军的反复“清剿”，使游击根据地的范围逐步扩大到近50个县，部队一度发展到近2000人。

湘鄂赣边游击区。主力红军转移后，红 16 师余部在平江、浏阳、铜鼓地区坚持斗争，多次取得对敌作战的胜利，建立和巩固了以黄金洞为中心的游击根据地，部队一度扩大到 5000 余人。后来在国民党军的“清剿”中，部队遭受较大挫折。

此外，闽赣边、闽粤边、浙南、闽北、闽东、闽中、湘赣边、湘南、鄂豫边和琼崖地区的红军游击队，也都克服重重困难，顽强与敌人进行斗争。

各地的红军游击队在极端艰难的条件下，风餐露宿，昼伏夜行，在南中国的崇山峻岭、密林树丛中与敌人巧妙周旋、英勇战斗。1936 年 1 月下旬至 2 月，赣粤边地区出现罕见的大雪封山，游击队的粮食断绝，只能摘野果、采野菜、剥竹笋充饥。面对红军游击队的困境，赣南地下党的同志组织群众，利用每月初一和十五开禁进山砍柴的机会，把大米藏在挑柴的竹杠中，把食盐溶进棉袄里，设法丢在山上，转交给游击队。陈毅在油山秘密据点吃着从山上“捡”来的大米饭，感慨万千，于这年夏天写下了著名的《赣南游击词》。这组词以生动的语言、纪实的笔法，反映了红军游击队在人民支持下坚持斗争的艰苦历程：

天将晓，队员醒来早。露侵衣被夏犹寒，树间唧唧鸣知了。满身沾野草。

天将午，饥肠响如鼓。粮食封锁已三月，囊中存米清可数。野菜和水煮。

日落西，集会议兵机。交通晨出无消息，屈指归来已误期。立即就迁居。

夜难行，淫雨苦兼旬。野营已自无篷帐，大树遮身待天明。几番梦不成。

天放晴，对月设野营。拂拂清风催睡意，森森万树若云屯。梦中念敌情。

休玩笑，耳语声放低。林外难免无敌探，前回咳嗽泄军机。纠偏要心虚。

叹缺粮，三月肉不尝。夏吃杨梅冬剥笋，猎取野猪遍山忙。捉蛇二更长。

满山抄，草木变枯焦。敌人屠杀空前古，人民反抗气更高。再请把兵交。

讲战术，稳坐钓鱼台。敌人找我偏不打，他不防备我偏来。乖乖听安排。

靠人民，支援永不忘。他是重生亲父母，我是斗争好儿郎。革命强中强。

勤学习，落伍实堪悲。此日准备好身手，他年战场获锦归。前进心不灰。

莫怨嗟，稳脚度年华。贼子引狼输禹鼎，大军抗日渡金沙。铁树要开花。

1936年冬天，陈毅等人在梅岭被国民党军第46师围困，在生死存亡关头，他以革命必胜的信念和乐观主义的精神，写下《梅岭三章》，藏在衣服里面。

其一云：

断头今日意如何？创业艰难百战多。

此去泉台招旧部，旌旗十万斩阎罗。

其二云：

南国烽烟正十年，此头须向国门悬。

后死诸君多努力，捷报飞来当纸钱。

其三云：

投身革命即为家，血雨腥风应有涯。

取义成仁今日事，人间遍种自由花。

远在西北的中共中央和军委，一直关注着南方各省的斗争。他们

1938年1月，参加南方3年游击战争的新四军部分干部在南昌合影

通过各种方式和渠道，加强对红军游击队的领导，并通过错综复杂的谈判斗争，打破国民党当局“北和南剿”的阴谋，迫使其承认南方各红军游击队的合法地位。1937 年 7 月 7 日，日本侵略军挑起卢沟桥事变，全国抗日战争爆发。南方各省红军游击队改编整训并迅速开赴抗日战场，就成为一个亟待解决的问题。

早在与国民党谈判之初，中共中央就考虑到了南方游击队的改编问题。1937 年 2 月 12 日，毛泽东、张闻天致电正在西安与国民党谈判的周恩来，向国民党提出：“陕、甘以外各省的红军游击队，一律改民团或保安团。”但没有得到国民党方面的正式答复。3 月 16 日，中共中央又致电周恩来，向国民党提出立即停止闽浙赣边、鄂豫边的“剿共”战争。6 月 4 日，周恩来在第一次庐山谈判中，就向蒋介石提出了南方红军游击队的改编问题。蒋介石表示，各游击区由中共方面先派人联络，经国民党调查后进行编遣，但其领导人必须离开部队。周恩来断然拒绝了这一要求。6月23日，周恩来在向美国学者介绍国共谈判情况时说："到目前为止，我们已经举行了5次谈判会议……至于军事问题，我们仍在南方一些游击区活动的部队，成了一个特殊的问题。南京企图把他们缴械，瓦解掉，这我们不能同意。"

在南方红军游击队的改编问题上，虽然中共方面同意做出一些让步，但由于蒋介石始终抱有彻底消灭红军游击队的幻想，在谈判中缺乏诚意，因此谈判一再陷入僵局。1937年上半年，国民党政府实行"北和南剿"的方针，在对西北红军进行合作抗日谈判的同时，反而加紧了对南方红军游击队的"搜剿"。蒋介石先后调集40多个正规师、60多个保安团，采用碉堡封锁、放火烧山、移民并村、制造无人区等手段，企图将各个游击根据地一举摧毁。这一段时间，可以说是三年游击战争中最黑暗、最严峻的时期。在国民党军的进攻下，各地游击队都遭受了极大的损失，许多优秀的红军指战员英勇牺牲。

直到七七事变之后，国民党军才停止了对游击区的进攻。7月中旬，被国民党围困在粤赣边梅山地区长达几十个昼夜的项英、陈毅等人发现，国民党军突然纷纷后撤，偌大一座梅山霎时平静下来。几天之后，他们从一份国民党报纸上了解到卢沟桥事变和全国抗日战争爆发的消息，又从一些香港出版的进步报刊中读到毛泽东在5月召开的中国共产党全国代表会议上的报告摘要，了解到中央关于抗日民族统一战线的最新政策。很快，项英写出了《中国新的革命阶段与党的路线》一文，陈毅则起草了《向赣南军政当局提出合作意见书》。项、陈指出：现阶段的中心任务是打倒日本帝国主义。红军游击队必须遵照党中央的路线和要求，与国民党当局谈判，争取合作抗日；红军游击队应全部集中，组成独立抗日部队。在随后召开的赣粤边特委全体干部大会上，讨论了这两份文件，进一步统一了大家的思想，决定将赣粤边红军游击队全部改为抗日义勇军。陈毅等人反复向大家做思想工作，指出打击日本侵略者是当前首要任务，“日本在进攻，共产党不去打日本，跑到一边打内战，打地主，搞几百块钱，杀个把土豪，那就没意思了。应该抗日”。8 月 8 日，中共赣粤边特委和赣粤边抗日义勇军正式发表《停止内战，联合抗日》宣言，表示愿意与国民党地方政府谈判合作。8 月 15 日，特委又发表《告赣南民众书》，号召群众停止袭击国民党政府和部队，团结抗日。

这时，迫于抗战形势的发展，国民党也不得不承认南方各省红军游击队的合法地位，其在赣南的军政长官联名发出《告中共同志书》，称：“你们是爱国志士，多年奋斗，我们无任钦佩。现在是志士抗日救国之时，欢迎下山谈判，共商北上抗日事宜。”项英、陈毅等经过研究，决定争取主动，由陈毅、项英先后下山同国民党当局谈判，并就国民党军从游击区撤退、在南昌建立红军游击队接洽处等问题达成协议。9 月 29 日，项英在南昌发表《告南方游击队的公开信》，明确指出：

余遵照最近党中央的宣言，已正式宣布停止游击战争，放弃过去一切活动，把全部游击队改编为抗日救国的武装，统一于国民政府之下，效命杀敌。各地接信后，立即集中听候点编，以便追随全国友军和第八路军之后，为挽救国家危亡和民族解放作英勇的战斗。

这封公开信的发表，在实际上正式宣告了南方 3 年游击战争的结束。

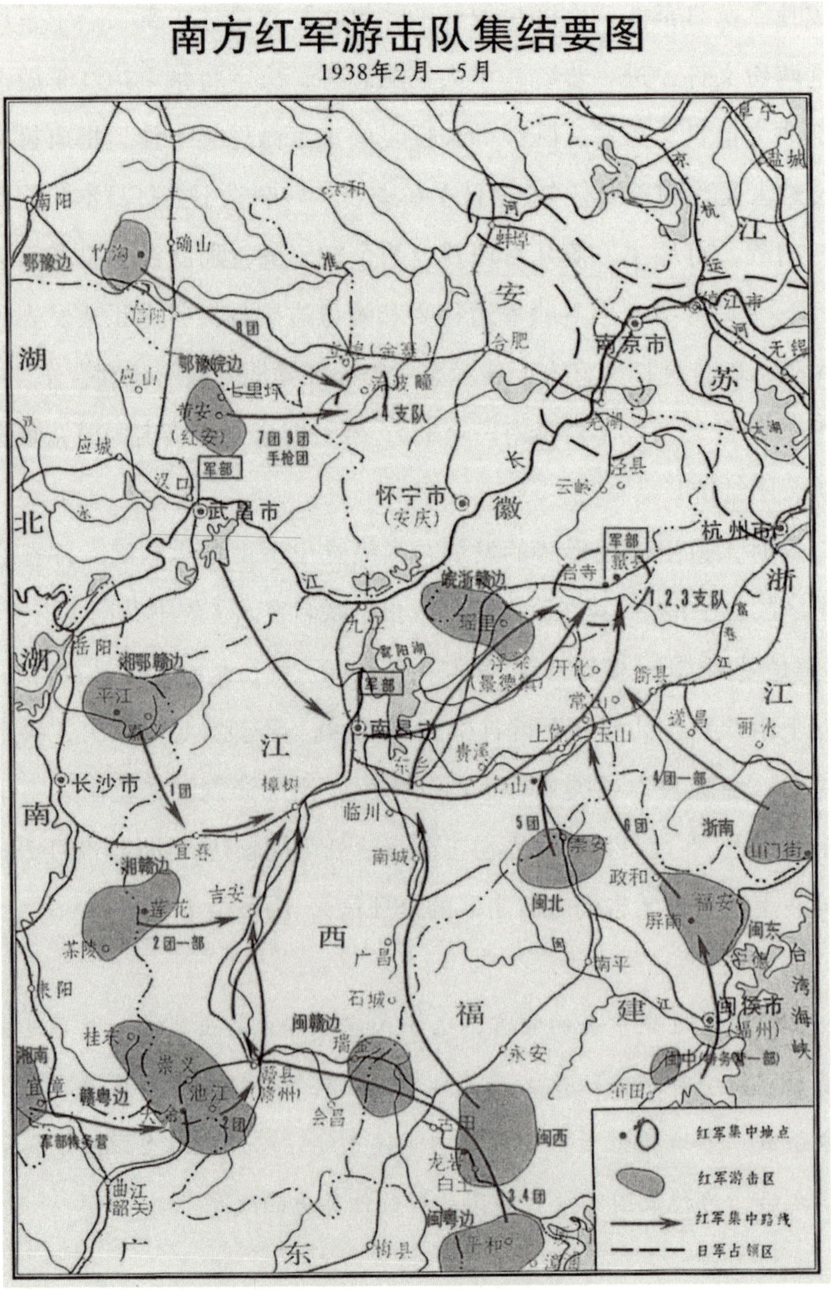

南方红军游击队集结要图

然而，由于国内环境的复杂多变，各地游击队下山改编，经历了一个复杂而曲折的过程。

各边区游击队由于长期各自为战，与中央和上级失去联络，因此对中央的抗日民族统一战线政策并不了解。同时，由于长期受到国民党军队“清剿”，以血海深仇而化敌为友，在思想上很难转过弯来。一些人甚至认为：和国民党讲统一战线，就是向敌人投降；谁要是下山改编，谁就是叛徒！陈毅派到各地动员游击队下山改编的许多同志，也被当作叛徒杀害了。比如：红 16 师政委明安娄和中共鄂东南特委书记林美津，被赣东北游击队杀害；中共皖浙赣省委书记关英，被弋阳磨盘山一支游击队杀害；湘南游击支队支队长曹树良，被湘赣边游击队杀害……陈毅为此痛心疾首，决定亲自去找这些游击队，说服他们下山改编。

1937 年 11 月，一乘小轿在两个国民党士兵的武装护送下，行进在前往九龙山的崎岖小路上。轿中人手持文明棍，着长衫，戴墨镜，顶毡帽，一派绅士风度。他就是前来说服游击队下山的陈毅。没有想到，陈毅一上山就被关了起来。率部在九龙山坚持斗争的，是湘赣支队司令员段焕章和政委刘培善。经过陈毅耐心说服，他们表示，只要当地党的最高领导人、湘赣省委书记谭余保同意改编，他们就下山。陈毅马不停蹄，立即赶往省委驻地。

不料，陈毅刚到省委驻地，就被五花大绑，还受到了公审。谭余保说：“我认识你，在井冈山听你做报告，你不是讲革命要坚持吗？为什么要叛变？我要革命到底，就是只剩下我一个光杆司令也不下山，不像你们这些知识分子吃不得苦，耐不住就屈膝投降。”还拔出驳壳枪要枪毙陈毅。

陈毅毫不示弱，据理力争：“投降？投降就不会上山。我陈毅什么苦没吃过？什么苦耐不住？”“你用枪毙那套吓不住我，我陈毅怕死不革命，你可以派人到南昌、延安、吉安去调查。你是共产党就要讲政策，你是土匪就开枪。开枪啊！”

谭余保被镇住了。事后，他派人去吉安八路军办事处调查，很快真相大白。谭余保悔恨交加，亲手给陈毅松绑，又拉住他痛哭流涕。游击队的同志没有一个不佩服陈毅有胆有识，一场误会就这样化解了。

经过陈毅等人耐心、细致的工作，各地红军游击队陆续下山改编，准备开赴抗日杀敌的战场。

然而，新四军的正式组建过程却一波三折，困难重重。

1937年八一三事变后，蒋介石急于调动红军开赴抗日前线，在谈判中同意就军事问题做出让步。8月中旬，周恩来、朱德、叶剑英在南京与国民政府军事委员会军政部部长何应钦，就南方8省红军游击队改编为抗日武装问题达成共识。10月12日，国民政府军事委员会宣布将南方8省的红军游击队改编为国民革命军陆军新编第四军，任命北伐名将叶挺为军长。这一天也成为新四军成立纪念日。

1937年10月至12月，国共两党先后在南京、南昌、武汉等地继续进行了多轮协商，基本议定了新四军的建制、编制、干部、装备、经费等主要问题，初步完成了建军的筹备工作。

在编制问题上，中共提出将南方红军游击队改编为1个军，下设2个师4个旅8个团，后来又提出编为2个纵队6个支队，国民党方面均不同意。最后，提出编1个军，下面不设师、旅，军部直辖4个游击支队，每个支队设2个团，隶属八路军。国民党基本同意这个方案，但不同意新四军由八路军总部指挥，而隶属第3战区管辖，其中第4

支队隶属第 5 战区管辖。

在干部配备问题上，国民党开始打算派人担任新四军各支队、团和营的领导，中国共产党坚决拒绝了这一要求，坚持党对这支部队的领导。经过多次商谈，直到 1938 年 1 月 8 日，国民党才核准了由共产党提出的支队以上干部的配备名单。

在薪饷和装备问题上，共产党提出新四军要与国民党部队同等待遇。国民党借口中央经费、武器困难，新四军的经费要从地方财政解决，不发武器弹药。后来，周恩来多次与蒋介石、何应钦谈判，商定新四军的薪饷、装备略低于国民党部队的标准。

新四军的军长人选，是国共双方都十分关注的问题。最后获得双方认可的叶挺将军，可谓众望所归。

叶挺

叶挺（1896 ~ 1946），字希夷，广东惠阳人。早年即立志救国，先后就读于广东陆军小学、湖北陆军第二预备学校和保定军官学校。1921 年，任孙中山建国陆海军大元帅府警卫团第 2 营营长。1924 年 10 月，加入中国共产党。1925 年 11 月，国民革命军第 4 军独立团成立，叶挺成为首任团长，该团因此被称为叶挺独立团，并在实际上成为中国共产党直接掌握的一支武装力量。北伐战争中，叶挺率独立团一路斩关夺隘、所向披靡，并取得汀泗桥、贺胜桥等关键战役的胜利，获得“北伐名将”美誉，所在第 4 军被称为“铁军”。1927 年，时任第 11 军副军长兼第 24 师师长的叶挺，率部参加了南昌起义，任前敌总指挥兼第 11 军军长。同年 12 月，参加了广州起义。广州起义失败后，叶挺根据党的通知，辗转到达苏联。因受到无端指责，决定退党。随后，他长期流亡海外。1932 年，又到澳门隐居。

中国共产党也始终关心关注着叶挺。1930 年春，周恩来在德国柏林与他促膝长谈，劝他坚持革命斗争，对他启发很大。1936 年，正在参与国共谈判的潘汉年会见了叶挺，并告诉他："党政策最重要的转变，是把过去推翻国民党政权改变为联合国民党共同抗日。"还对他说："你在国民党内是有影响的，希望你能做些工作，促使国共两党联合抗日。"这次谈话，对后来叶挺出任新四军军长起到了关键作用。

不久，在潘汉年的安排下，周恩来在上海会见了叶挺。周恩来开门见山地说："我正在和蒋介石谈判，主要是谈我们陕北红军部队的改编问题。除了陕北的红军问题，还有南方 8 省的游击队问题，他们也要改编，但这要看蒋的态度。"叶挺一听改编，十分感兴趣，说道："为了同一个抗日目标，这不应该成为问题。"周恩来微微点点头，单刀直入地说："如果能谈通，希望你能参加这些部队的改编工作。"周恩来还问起叶挺和陈诚、张发奎等人的关系。在周

新四军军部筹建时的驻地——汉口太和街26号

恩来看来，叶挺或许是蒋介石能够接受的领导南方红军游击队的合适人选。叶挺被周恩来语重心长的话打动了，他想到，自己过去与张发奎、陈诚交往甚密，与陈诚还是保定军校的校友，陈诚与蒋介石的关系又很不一般，如果由自己出面，改编南方红军游击队的工作将会顺利得多。

叶挺很快便找到第3战区前敌总指挥陈诚，商谈南方红军游击队的改编问题。他告诉陈诚："是不是可以由我出面组织一个军？经过训练，也是一支不小的力量呢！"陈诚对此也很高兴，只是拿不准蒋介石的想法，但表示愿意向蒋介石去汇报。叶挺趁热打铁地提议，这支新编的队伍就叫国民革命军新编第四军，一是纪念当年北伐中的第4军，二是表示重振"铁军"雄风的壮志。

蒋介石听了陈诚的建言，一开始并不同意由叶挺出任新四军军长。他征求了一些人的意见，都认为叶挺是合适的人选，这才改变了想法。这时，国民党政府正在为南方红军游击队改编的事发愁，叶挺现在既不是共产党又不是国民党，与其让共产党派人领导，还不如让他来担任此职。蒋介石很快下定决心，并于9月28日由军事委员会诠叙厅发出通报："经委员长核定，任命叶挺为新编第四军军长。"

但是，叶挺并没有马上就职。因为这个任命是国民党单方面做出的，并没有征求中共方面的意见。叶挺需要了解中共的态度，毛泽东等中共中央领导人也在关注：叶挺是否愿意恢复中共党籍或完全接受共产党的领导？是否愿意来延安一趟？叶挺正有此意，于是马上找到何应钦，表示要去一趟延安。他还向博古和叶剑英表示，完全接受党的领导。中共中央对叶挺的态度非常高兴，一位老同志感慨地说："叶挺还是共产党啊！"

1937年11月3日，叶挺应邀到达延安。毛泽东用他宽厚有力的大手握住叶挺的双手，表达了热烈的欢迎。在欢迎会上，毛泽东宣布了叶挺出任新四军军长的命令后，说："我们今天为什么欢迎叶挺军长呢？因为他是大革命时期的北伐名将，因为他赞成我们党的抗日民族统一战线的政策，并愿意担任我们的新四军军长，我党热情欢迎他！"

在热烈的掌声中，叶挺动情地说道："同志们欢迎我，我实在不敢当。革命好比爬山，许多同志不怕山高，不怕路难，一直向上走。我有一段是爬到山腰又折回去了，现在又跟上来。今后，一定遵照党所指示的道路走，在党中央的领导下坚决抗战到底！"

从延安回到武汉后，叶挺不负党的厚望，不仅树起新四军的大旗，而且凭借自己的声望和关系，为新四军的筹建积极奔走，不遗余力。在他的努力下，不仅在南昌、粤东、闽西、广州和香港、澳门等地，募捐经费、筹集武器、购买药品，而且动员了一批拥护抗日民族统一战线的国民党退役军官、无党派人士、医生、文化工作者等参加新四军，为新四军的创建做出了重大贡献。

1937年12月25日，在汉口召开了新四军干部大会，叶挺、项英、张云逸等50余人参加。这次会议的召开，标志着新四军军部的成立。为加强党对新四军的领导，成立了中共中央东南分局和中共中央革命军事委员会新四军分会，均以项英为书记，曾山、陈毅分别担任东南分局和军分会的副书记。经中共中央提出、国民党政府核定，确定了新四军的主要领导人和支队以上干部，先后任命项英为副军长，张云逸为参谋长，袁国平为政治部主任，周子昆为副参谋长，邓子恢为政治部副主任。1938年1月6日，军部移驻江西南昌，陆续建立健全了

1938年2月，新四军第2支队在福建龙岩举行抗日誓师大会

各部处领导机构。

经国共双方反复谈判，新四军编为4个支队10个团，共1.03万人，装备各种枪6200余支（挺）。各支队主要领导人及部队编组情况为：

第1支队。司令员陈毅，副司令员傅秋涛。下辖第1、2团，共2300余人。第1团主要由湘鄂赣边红军游击队改编组成，团长傅秋涛兼，副团长江渭清。第2团主要由赣粤边、湘赣边、皖浙赣边和湘粤赣边红军游击队改编组成，团长张正坤，副团长刘培善。

第2支队。司令员张鼎丞，副司令员粟裕。下辖第3、4团，共1800余人。第3团主要由闽西、闽赣边红军游击队改编组成，团长黄火星，副团长邱金声。第4团主要由闽粤边、闽西、浙南红军游击队改编组成，团长卢胜，副团长叶道志。

第3支队。司令员张云逸兼，副司令员谭震林。下辖第5、6团，共2100余人。第5团由闽北红军游击队改编组成，团长饶守坤，副团长曾昭铭。第6团主要由闽东红军游击队改编组成，团长叶飞，副团长阮英平。

第4支队。司令员高敬亭。下辖第7、8、9团和手枪团，共3100余人。第7团主要由红28军82师244团和便衣队改编组成，团长杨克志，政治委员曹玉福。第8团主要由桐柏山红军游击队改编组成，团长周骏鸣，政治委员林恺。第9团主要由红28军82师特务营和鄂东北独立团改编组成，团长顾士多，政治委员高志荣。手枪团主要由红28军手枪团和部分新战士改编组成，团长詹化雨，政治委员汪少川。

军部机关及特务营。直属军部领导，共980余人。其中特务营由湘南、闽中红军游击队改编组成，共400余人。

1938年2月6日，国民政府军事委员会和第3战区命令，新四军集中到皖南歙县岩寺镇一带整训。新四军军部立即制定方案，命令各部队分头并进，兼程前往。其中江南各游击队开赴皖南岩寺集结整编，江北各游击队在安徽霍山县集结整编。各部队闻令而动，短短两个多月时间里，散布在南方8省40多个县的红军游击队，胜利完成了下山、开进、集中整编的任务。

新四军在全国抗战的高潮中迅速集结和完成整编，对于开展华中敌后抗战、壮大人民武装力量，具有重大战略意义。新四军虽然部队人数不多，装备比较落后，但大部分是南方3年游击战争保存下来的精华，是忠诚于革命的优秀儿女。从此，这支人民武装在中国共产党的领导下，在抗日战争的烽火中，由小到大，由弱到强，发展成为华中地区坚持敌后抗战的主力军，为争取抗日民族解放战争的胜利做出了历史贡献。

1 年后，由陈毅撰写初稿、集体修改、何士德谱曲的《新四军军歌》诞生了。《新四军军歌》的歌词，是一首生动优美的白话诗，凝练地概括了新四军的光荣历史和抗战功绩，很快广为传唱开来。歌词初稿题为《十年》，现抄录于下，让我们共同缅怀这支铁军的辉煌历史吧：

光荣北伐武昌城下，
血染着我们的姓名；
孤军奋斗罗霄山上，
继承了先烈的殊勋。
千百次抗争，风雪饥寒；
千万里转战，穷山野营。
获得丰富的战争经验，
锻炼艰苦的牺牲精神。
为了社会幸福，为了民族生存，
一贯坚持我们的斗争！
八省健儿汇成一道抗日的铁流，
东进，东进！
我们是铁的新四军！

扬子江头淮河之滨，
任我们纵横驰骋；
深入敌后百战百胜，
汹涌着杀敌的呼声。

在皖南岩寺集中的新四军部队进行战前动员

要英勇冲锋，歼灭敌寇；
要大声呐喊，唤起人民。
发扬革命的优良传统，
创造现代的革命新军。
为了社会幸福，为了民族生存，
巩固团结坚决的斗争！
抗战建国高举独立自由的旗帜，
前进，前进！
我们是铁的新四军！

三 | 首战告捷

1938 年 5 月，新四军第 4 支队一部在蒋家河口痛歼日军，打响了出师抗日第一枪。

新四军第 4 支队的前身，是在鄂豫皖地区坚持斗争的红 28 军，主要领导人是高敬亭。抗日战争爆发后，红 28 军是南方 8 省中较早与国民党接触和谈判的一支部队。1937 年 8 月至 10 月，根据与国民党地方当局达成的协议，红 28 军所属部队及地方武装、便衣队共 1800 多人，陆续到湖北黄安县七里坪地区集中。1938 年 1 月初，鄂豫边区桐柏山红军游击队也在河南确山县竹沟集中，并改编为新四军第 4 支队第 8 团。2 月中旬，红 28 军在七里坪宣布改编，组成新四军第 4 支队。支队下辖第 7 团、9 团，手枪团，以及之前已经改编的第 8 团，司令员高敬亭，参谋长林维先，政治部主任肖望东，经理部主任吴先元。

高敬亭（1907 ~ 1939），原名高志员，河南光山人。1928 年参加黄麻起义，次年加入红军，历任中共光山县委书记、鄂豫皖苏区省苏维埃政府主席等职。1932 年，红四方面军撤离鄂豫皖苏区，高敬亭留下来坚持斗争，并被任命为新建的红 25 军 75 师政治委员，后改任第 82 师

高敬亭

师长。1934 年 11 月，红 25 军撤离根据地开始长征，高敬亭仍留在根据地坚持游击斗争。他奉命重建红 28 军,自任政治委员，在极其艰难的条件下，领导部队在大别山地区坚持 3 年游击战争，多次击败国民党军“围剿”。全国抗战爆发后，以红 28 军为主体组建了新四军第 4 支队，高敬亭任司令员。1939 年 6 月,高敬亭被错误处决。1977 年 4 月，解放军总政治部发出《关于给高敬亭同志平反的通知》，对其一生功过做出了实事求是的评价。

新四军组建之初，在 4 个支队之中，第 4 支队是唯一由正规红军部队改编而成的，而且在各支队中人数最多、装备最好，保存的红军连队也最多。第 4 支队当时有 3100 多人，占新四军总人数的 36%；长短枪占 38.4%，轻机枪占 62.5%。

1938 年 3 月，根据中共中央和中央军委指示，新四军第 4 支队各部先后离开驻地，告别转战 3 年的大别山，誓师东征。在群众欢送的锣鼓声里，在高亢嘹亮的战歌声中，数千人民子弟兵浩浩荡荡开赴前线，踏上了抗日杀敌的新征程。

这时，新四军第 1、2、3 支队正挺进江南敌后，第 4 支队则担负起了挺进江北皖中的重任。4 月间，第 4 支队各部展开于安徽中部的舒城、桐城、庐江、无为地区，开始了建立敌后抗日根据地的斗争。

1938 年春天，日寇在安徽攻势正盛。日军于 1937 年 12 月占领南京后，为打通南北战略联系，接应沿津浦路南下的华北日军，乘势渡

林维先

肖望东

过长江，占领了津浦路南段的滁县、明光、蚌埠等城镇，又分兵四出，夺取合肥、巢县、淮南等地，控制了淮南铁路和淮南煤矿。日寇铁蹄所到之处，烧杀抢掠，无恶不作。国民党军队则不堪一击，望敌奔溃，一路退至大别山地区。国民党的地方政权无力支撑，竞相弃城逃走。在敌后的广大地区，许多土匪、流氓乘机而起，打家劫舍，祸乱一方，百姓陷于水深火热之中。有人形容当时的情形是“村村有哭声,处处是难民,山山水水一片凄凉”。

为了打击日寇的嚣张气焰，鼓舞人民的抗日斗志，高敬亭决定找准战机，狠狠教训下不可一世的日本侵略者。他命令第9团为先遣队，先期出击敌后，寻机打击日寇。第9团的指战员大多数是老红军，在3年游击战争中久经考验，政治觉悟很高，战斗作风顽强，尤其是东进以来，眼见日寇嚣张狂妄、百姓流离失所，早就摩拳擦掌，准备与敌军大战一场。

第9团受领任务后，于四五月间到达安徽无为、巢县等地。为打好第一仗，第9团在庐江县盛家桥召开了党委扩大会议。大家在会上一致认为，应该在开展敌后抗日宣传的同时，寻找战机打一个胜仗，给敌人以迎头痛击，同时振奋江北民心士气。会议决定，团长顾士多、

1938年3月，第4支队8团奉命挺进皖中抗日前线，在河南信阳邢集召开东进誓师大会。这是当地群众在大会上讲话

少田率第2营和侦察队，进入银屏山地区，寻找战机打击敌人。

兵法云："知彼知己，百战不殆。"为更好地掌握当面敌情，高志荣专门到国民党第27集团军司令部了解情况。不料国民党军由于不敢在前线与日军交手，缩守在山里，根本不了解日军的情况，只是说前面一塌糊涂，乱得很，日军如何如何厉害。高志荣问他们："敌人有多少？"他们说："多得数不清。"又问："为什么不守住巢县？"他们回答："子弹打光了，就退下来了。"再问："你们打死多少日本兵？"对方脸也不红地说："我们没见过日本兵。"在交谈中，国民党军根本看不起初出茅庐的新四军，流露出蔑视的态度。高志荣气愤地说："你们往后退吧，我们倒要看看日军是不是长着三头六臂！"

求人不如求己。高志荣生了一肚子闷气，回到团部后，决定依靠自己的力量侦察敌情。他们派出侦察队化装深入敌占区，一直摸到巢县城下，终于获取了可靠的情报。原来，日军自占领安徽巢县后，经常组织大“扫荡”，老百姓苦不堪言。驻守在巢县的日本守备队，更是经常外出抢掠，并不定期乘船到巢县东南的蒋家河口一带骚扰，害得老百姓有路不敢走，有家不敢回，有田不敢种。为保证万无一失，高志荣又派侦察参谋郭思进、团侦察队长带侦察员，化装成当地农民，潜入蒋家河口一带进行周密侦察。经过连续3天的跟踪侦察，他们发现日军每天早晨乘船从巢县出发，大约八九点钟在蒋家河口靠岸，然后到附近村庄欺压百姓、搜刮民财，于午饭前返回巢县。日军有时乘一两艘汽艇，有时乘一两只木船，多则30余人，少则10余人。因国民党军畏敌如虎，不敢出动，因此这一小股敌人畅通无阻，肆无忌惮。郭思进他们还了解到，蒋家河口位于巢县东南10余里的运漕河(裕溪河)西岸，四周河道纵横，岸上杂草丛生，池塘芦苇茂密，周围杂树交错，地形复杂，便于隐蔽，是伏击敌人的好战场。

高志荣听了郭思进的报告后，猛地一拍桌子，高兴地说：“好，我们在此设伏，打一个漂亮的伏击战！”他与参谋长唐少田召集第2营营长、教导员等开会，决定由团侦察队和第2营第4连在蒋家河口打一个伏击战。为了便于作战指挥，高志荣、唐少田带领几名干部到银屏山顶，居高临下观察地形，现场手绘了一幅作战地图。后来，指挥员就是根据这张手绘的作战地图部署战斗任务的。

当第9团将侦察情况和作战计划上报支队后，高敬亭司令员立即命令第9团周密设伏痛击日寇，并指示：“一定要打好这一仗，坚决粉碎‘日军不可战胜’的神话，让小日本尝尝咱中国人民的铁拳。要让战士们都知道，日本鬼子不是三头六臂的怪物，没有什么了不起，他们也是人，咱们一定能够干掉他们。”

高志荣

5月11日，下午3点钟，9团参战部队在银屏山下集合，高志荣亲自作战前动员："日本鬼子占领我东三省，现又侵入我腹地，占我领土，杀我人民，罪恶滔天。他们虽有洋枪洋炮，但并非三头六臂。当年，抗倭英雄戚继光在江浙沿海痛击倭寇。今天，英勇的八路军又取得平型关大捷。这说明日寇不可战胜的神话只是吓人的鬼话！过去，我们与白军作战，算得上英雄。今天，我们与日本鬼子决战，更要当好汉！"大家听了政委的动员，群情激奋，振臂高呼："为死难同胞报仇！""打倒日本帝国主义！"高志荣又向大家强调了打赢第一仗的重要意义，分析了打好这一仗的有利条件和不利因素，要求大家下定决心，首战必胜。动员会结束后，大家信心百倍，开始了紧张有序的战前准备工作。有的擦枪，有的磨刺刀，有的扎手榴弹，有的数子弹。随后，参战部队在第2营营长黄仁庭、侦察参谋郭思进带领下，像一把利剑，直插蒋家河口。

12日拂晓前，部队按计划进入伏击阵地，神不知鬼不觉地布下了埋伏。我军的部署是：团部侦察队隐蔽在河口西岸堤埂后面，从正面截击敌人；第4连第2排隐蔽在侦察队后面的小村里；第4连连长率第1、3排潜伏在离河口四五里远的北面小山包下，准备阻击由巢县增援的敌人。天光见亮，战士们潜伏在隐蔽物后面，弹上膛，刀出鞘，严阵以待，如即将下山的猛虎，单等敌人钻进口袋阵，便杀他个人仰马翻。

上午8时左右，巢县方向的河面上隐约传来汽艇的马达声。不一会儿，两艘汽艇越驶越近。战士们可以清楚地看到一个日本兵趾高气扬地站在汽艇上，头上的钢盔和手中的刺刀在阳光下闪着寒光，十分刺眼。新四军指战员就像守候多时的猎人，紧盯着这群张狂的猎物，只等他们一上岸，便来个关门打狗、瓮中捉鳖，让他们有来无回。

日军全然没有意识到死神的降临。靠岸后，10 多名日伪军耀武扬威地下了船，丝毫没有戒备之心。他们有的倒背着枪，哼哼呀呀地唱着歌，大摇大摆地往岸上走;有的把枪放在地上，捧起河水往胸脯上浇。猛听得“叭”的一声，一颗子弹带着尖利的呼啸，划破长空，穿进敌人的胸膛。一个日军一声惨叫，倒在地上。

这是郭思进参谋发出的攻击信号。他连一颗信号子弹都不舍得浪费，直接将愤怒的子弹射入了侵略者的身体！也正是这一颗子弹，打响了新四军东征抗日的第一枪。紧接着，埋伏在前沿的团侦察队迅速向敌人发起攻击，机枪喷着火舌，一串串愤怒的子弹向日军头上飞去，一排排飞舞的手榴弹向日军身上投去。毫无戒备的日军顿时乱作一团，哪里还有抵抗的余地，大多当场毙命，少数朝汽艇逃窜。第 9 团将士哪里能让敌军逃窜？第 4 连的机枪手急忙用猛烈的火力封锁了河口，切断了日军的退路。侦察队乘机从堤埂后一跃而出，集中手榴弹炸翻了敌人的一艘汽艇。这一下，日军完全处在我军夹击之中，枪炮声、厮杀声、日军的惨叫声，汇成一片。有的敌人被逼到了河岸下面，有的在水中垂死挣扎，更多的在惨叫声中变成了战士们的枪下鬼。

这时，另一艘敌船由于失去了控制，在河面上直打转。一个未被击毙的日寇躲到船尾，隐蔽在船舵后面，探头向岸边观察我军行动，然后找了个机会乘乱跳入水中，企图逃命。新四军战士发现这一漏网之鱼，立即冲下堤岸，围歼残敌。一个大个子战士满腔仇恨，横眉怒目，飞奔堤下，大吼一声也跳入水中，迅速游向打算跑的日寇，两个人在水面上展开了一场搏斗。经过一番挣扎，狡猾的日寇挣脱了，迅疾潜水逃跑。大个子战士沉着冷静，顺着日寇潜逃的方向游去。当看到日寇探头露出水面打算吸口气时，立即扑过去，掐住他的脖子，死死按在水中。不一会工夫,这个日寇就咽气了。岸上的战友们看到这一情景，都向他招手，像迎接英雄一样欢迎他上岸。

由于准备充分、英勇顽强，这一仗打得干净利落。在第一枪打响后的20多分钟里，全歼该股日伪军，缴枪10余支，并缴获日本军旗、军刀等物，而我军无一伤亡。当地群众欢欣鼓舞，纷纷跑来祝贺。一位老大爷从人群中挤出来，伸着大拇指说：“你们为咱中国人出了气，报了仇，是可以信赖的军队。”有的群众还从家中扛来渔具，帮助我军打捞日军掉在河里的三八式步枪、指挥刀等战利品。几个水性好的青年，把敌人的尸体绑上石头沉入河底，哈哈笑着说：“让鱼虾美餐一顿吧。”

蒋家河口战斗胜利后，第9团第2营一鼓作气，渡过裕溪河，打掉了日军刚刚建立起来的林头、清溪两个镇的维持会，进一步扩大了新四军的政治影响，鼓舞了当地群众的抗日信心。

新四军出击皖中，首战告捷，主要靠的是勇敢顽强的战斗作风。初建时期的新四军，装备水平非常差，第4支队虽然在新四军各部队中装备算是较好的，但与装备精良的日军相比，甚至与国民党友军相比，差距还是比较大的。在蒋家河口战斗中，步枪、手榴弹甚至刺刀、大刀都发挥了巨大威力，加上出敌不意、攻其无备，因此一举歼敌。据时任第9团第2营第4连排长的曹正鸿回忆，战斗结束后，他奉命带一队战士，把战斗中俘虏的日军押送到第4支队司令部所在地安徽舒城西港冲。由于日军俘虏死活不肯上路，只得让战士们找来门板，把他们捆在上面，一路轮流抬着走。押送途中，恰巧碰到一支国民党部队，对方纷纷拥上来看稀奇，并竖起大拇指连连称赞："你们新四军真厉害！"相互闲聊之间，一个国民党军官指着曹正鸿的手枪子弹袋说："老兄呀，你的子弹袋里，多半插的都是小棍棒吧！"曹正鸿难堪地默认了。那个国民党军官十分慷慨，掏出几十发锃亮的手枪子弹送给了他。

新四军在蒋家河口成功伏击日军的捷报，很快随着电波传遍了大江南北、长城内外。5 月 13 日，新四军第 4 支队的捷电，最先披露了这一消息，其中称："十二日午，我 × 团之一部狙击由巢湖南岸蒋家河

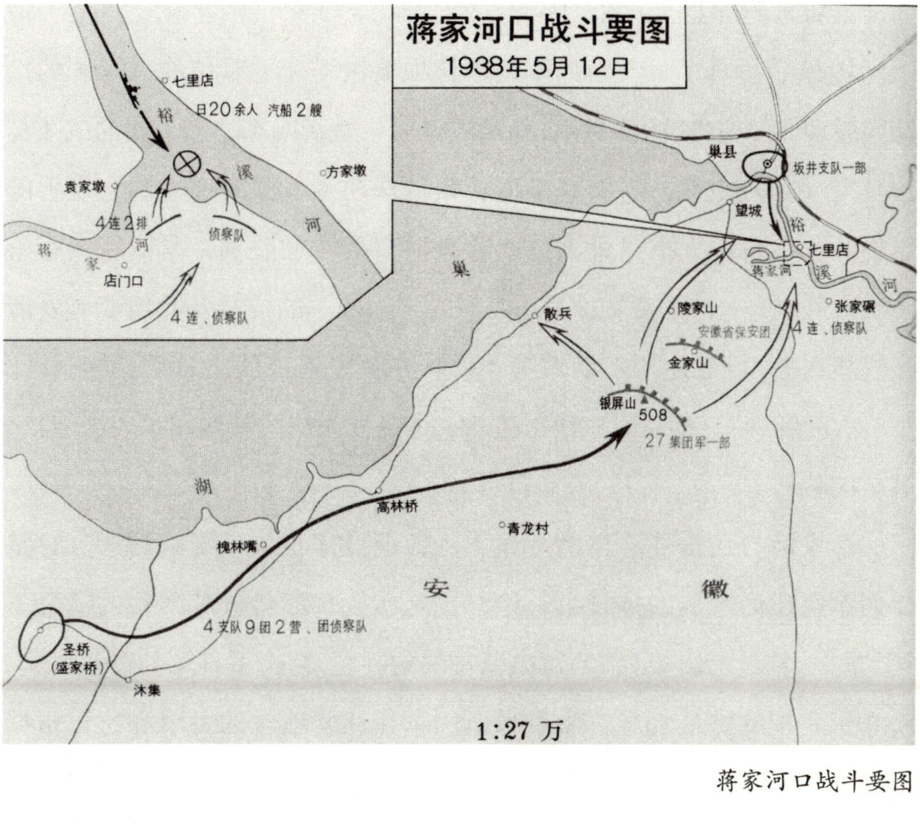

蒋家河口战斗要图

口对面登陆之敌，当毙敌六十余人（按：关于蒋家河口战斗的歼敌数，有十、二十、四十、六十多人等不同说法），获枪二十余支、敌旗一面、弹药及军用品少许，残敌狼狈登船逸去，我无伤亡。”《新华日报》驻徐州记者获知这一捷报后，迅速在5月15日的《新华日报》上刊载了这一电讯，向外界传递了新四军抗日杀敌的消息。5月16日，蒋介石给新四军发来嘉勉电，肯定了新四军出师首战的战绩："叶项军长吾兄：隐电悉，贵军四支队蒋家河口出奇挫敌，殊堪嘉慰，希饬继续努力为要。中正铣日。”国民党第27集团军的军官也佩服地对新四军指战员说："我们在这里这么长时间都没和鬼子碰，你们人没有我们多，枪没有我们好，一来就和鬼子拼上了，真了不起。”

1939年1月1日，新四军副军长项英做了《本军抗战一年来的经验与教训》的报告，明确指出，蒋家河口战斗是新四军“第一次的战斗”。1941年10月12日，新四军参谋长赖传珠在《本军的成立和它发展的历史》的报告中，指出巢湖以南蒋家河口战斗的胜利，是“新四军第一次大胜利”。由新四军参谋处编写的《新四军的前身及其组成与发展经过概况》，也记述了新四军第4支队在蒋家河口伏击日军，“开江北第一次的胜利”。蒋家河口伏击战斗，是当之无愧的新四军第一次战斗、第一次胜利。

蒋家河口伏击战斗虽然规模不大，但意义重大、影响深远。它是新四军组建后打响的抗日第一枪，也是在抗日形势极其严峻的情况下发起的一场唤醒战斗。新四军出征首战的胜利，打击了日军的嚣张气焰，大涨了我军的抗日士气，为后来新四军在江北地区的发展和抗日根据地的建立，创造了有利条件。

四 | 挺进苏南

新四军组建后，应该如何在困境中求得生存，如何在抗战中求得发展，这是一个至关重要的大问题。

国民党政府方面，既不让新四军充分整训，又不给补充武器装备，而是命令他们迅速开赴苏南、皖中敌军侧后，在这些地区构成游击网，袭击日军，破坏交通，以牵制敌人。国民党还指定开进路线，指定活动范围，指定作战任务，指定到达时限，并且一再下达指令，不准新四军“越境”活动。对此，时任新四军第1支队第1团政治处主任的钟期光回忆说：“显然，蒋介石之流是想把新四军放在入侵日军统治力量最强、交通最方便、作战最困难的条件下开展敌后游击战争的。其用心何在，一目了然。”新四军副军长项英也认为，蒋介石“显然是将我送出到敌区听其自生自灭，含有借刀杀人的用意”，因此这一命令“不能接受”。

远在延安的中共中央，也一直关注着新四军的发展方向。1938年2月至6月间，中共中央和毛泽东对新四军的任务和行动方针作了一系列指示，要求新四军克服困难，抓住日军进攻徐州、武汉，无力后顾的时机，主动地、积极地深入到敌人后方去，在大江南北依靠人民群众，广泛开展游击战，创立抗日根据地，打击日本侵略者。2 月 15 日，毛泽东致电项英、陈毅，指出：“目前最有利于发展地区还在江苏境内的茅山山脉，即以溧阳、溧水为中心，向着南京、镇江、丹阳、金坛、宜兴、长兴、广德线上之敌作战，必能建立根据地，扩大四军基地。”5 月 4 日，毛泽东又致电项英：“在敌后进行游击战争虽有困难，但比在敌前同友军一道受其指挥反会要好些，方便些，放手些。敌情方面虽较严重，但只要有广大群众，活动地区充分，注意指挥的机动灵活，也会能克服这种困难。”

历史的发展证明中共中央和毛泽东的这一决策是正确的。新四军主力深入江南敌后，既有利于坚持抗日民族统一战线，避免与国民党友军正面冲突，又直接插入敌人腹地，有力打击日本侵略者，建立和发展敌后抗日根据地。

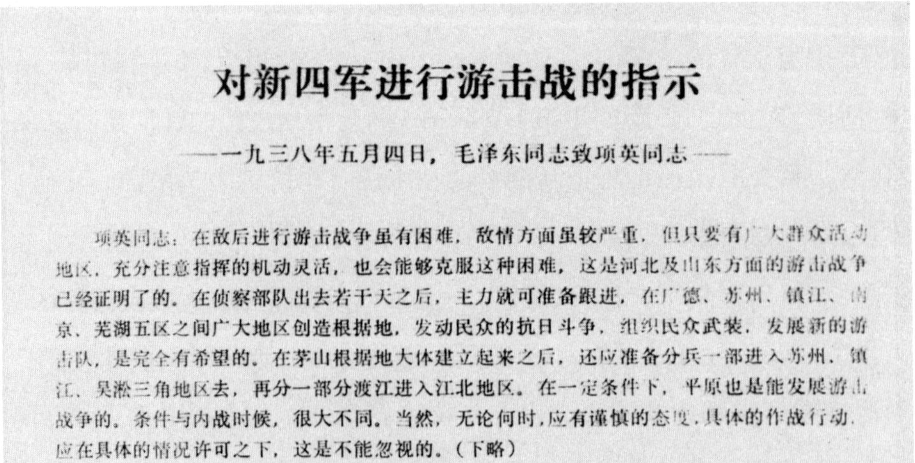

对新四军进行游击战的指示

——一九三八年五月四日，毛泽东同志致项英同志——

项英同志：在敌后进行游击战争虽有困难，敌情方面虽较严重，但只要有广大群众活动地区，充分注意指挥的机动灵活，也会能够克服这种困难，这是河北及山东方面的游击战争已经证明了的。在侦察部队出去若干天之后，主力就可准备跟进，在广德、苏州、镇江、南京、芜湖五区之间广大地区创造根据地，发动民众的抗日斗争，组织民众武装，发展新的游击队，是完全有希望的。在茅山根据地大体建立起来之后，还应准备分兵一部进入苏州、镇江、吴淞三角地区去，再分一部分渡江进入江北地区。在一定条件下，平原也是能发展游击战争的。条件与内战时候，很大不同。当然，无论何时，应有谨慎的态度，具体的作战行动，应在具体的情况许可之下，这是不能忽视的。（下略）

1938年5月4日，毛泽东关于新四军应进行敌后游击战争致项英电新四军陆续集结整编时，由于第 4 支队远在江北，军令、政令还不畅通，军部只能对第 1、2、3 支队进行部署。不过，对于刚从南方各个游击区下山来的新四军部队来说，到江南敌后去作战，面临着全新的作战对象、作战地形、作战环境，对这一地区的敌情、社情以及如何有效突破日军封锁线并打击敌人，还全然摸不清情况、不知底细。为慎重行动，新四军军部决定在主力出发前，先派出一支先遣队，到苏南一带进行战略侦察，同时宣传党的抗日救国纲领，开展抗日民族统一战线工作。毛泽东充分肯定了这一方案，并指示要携带电台，并派有军事知识的人一道前往。

中共中央东南分局和新四军军部领导立即开会，研究先遣支队的组建和任务等问题。经过研究，决定从第 1、2、3 支队抽调部分团以下干部和侦察连组成先遣支队，由粟裕任司令员兼政治委员，熊梦辉任参谋长（因病未到职），钟期光任政治部主任，先期挺进苏南敌后，执行战略侦察任务。只用了几天时间，先遣支队就宣告成立。支队下辖 3 个侦察连，挑选的都是各支队武器装备最好的连队，成员都是经过 10 年内战的骨干，干部实行高配，连侦察员都是干部。

新四军首长对先遣支队十分重视。叶挺军长亲自召见粟裕，关心地询问还有什么困难，粟裕感激地摇摇头。当看到粟裕的机要员没有携带武器时，叶挺解下自己腰间的左轮手枪送给他，并郑重地嘱咐道：“小鬼，粟裕的安全可就交给你啦。”陈毅则将身边得力的工作人员调给粟裕指挥，如副官曹鸿胜、测绘参谋王培臣和张铚秀等。粟裕感动地说：“陈毅同志把强兵能将都调给我了。”

4 月 26 日，新四军军部为先遣支队召开了动员大会。项英在会上介绍了当前的形势和任务，号召大家紧密团结，发扬艰苦奋斗的作风，一定要完成战略侦察的任务。陈毅也作了重要讲话："奉叶、项军长命令，现成立先遣支队，马上要向东、向苏南敌后进军了。你们这次的任务是了解苏南地区的政治、经济、地理情况，了解当地的风俗民情，团结友军，加强群众工作，开辟新四军主力前进的道路……你们是经过艰苦的游击战争考验的部队，是千锤百炼的八省健儿，因此，军部相信你们可以到敌后去发展革命力量。你们都是来自各个游击区的，应该互相学习，取长补短，加强革命团结，在粟司令的统一领导和指挥下，胜利地完成党交给你们的光荣任务。"动员会结束后，陈毅又先期赶到南陵，与驻在那里的川军交涉，为先遣支队疏通前进的道路，直到目送部队穿过日军芜湖到宣城的封锁线，才返回新四军军部。

4 月 28 日，先遣支队 400 余人，在粟裕率领下从皖南岩寺潜口启程，一路向苏南进发。关于先遣支队初期的行程，粟裕在 1939 年第 3 号《抗敌》杂志上发表的文章中这样写道："余奉命率领先遣支队，虽然是 4 月 28 号即从岩寺出发，可是由于沿途受到很多关系方面不应有的阻碍，特别是受到了以抢地盘为主的'游击队'（如朱永祥、陈德公等部）的留难与阻碍，直到徐州失陷的那一天，即 5 月 19 号，我们才正式进入江南战场。"尽管一路波折不断、前方危险万端，这支衔有重大使命的先遣部队，在粟裕这位我军杰出将领的指挥下，很快便取得了令人瞩目的成绩。

粟裕（1907 ~ 1984），侗族，湖南会同人。杰出的革命家、军事家，中华人民共和国和中国人民解放军的重要领导人。1927 年入党，同年参加南昌起义，后进入井冈山根据地，参与历次反"会剿"和全部五次反“围剿”斗争，历任红 4 军团参谋长、红 7 军团参谋长、闽浙赣军区参谋长、红 10 军团参谋长等，参与指挥北上抗日先遣队的斗争。1935 年 1 月，红 10 军团在江西怀玉山遭到优势敌军围攻而失败，粟裕等率余部 1000 余人突围，到达闽浙赣苏区，先后任红军挺进师师长、闽浙边临时省军区司令员等，长期在边区坚持游击战争。1938 年 3 月，率浙闽边抗日游击总队开赴皖南集结整编，并任新四军第 2 支队副司令员。抗日战争时期和解放战争时期，先后任新四军第 1 师师长（后兼第 6 师师长）、华中野战军司令员、华东野战军副司令员兼副政治委员等。新中国成立后，历任解放军总参谋长、第五届全国人大常委会副委员长等职。1955 年，被授予大将军衔。

1938 年率先遣支队北上时的粟裕，年富力强，精力旺盛，斗志高昂。行军中，他总是走在队伍的前列。每天出发前，他都要集合大家讲话，明确当天的任务和要求。一到宿营地，他就抓紧时间了解社情、民情、敌情，勘察地形，做群众工作。夜里部队休息后，他还要与各级领导研究情况，部署第二天的工作。

粟裕

粟裕率先遣支队挺进的苏南地区，这时可以说是抗日力量的真空地带。由于日军气焰嚣张，接连占领上海、杭州、南京、芜湖、徐州等战略要地，苏南已成为敌人的后方，当地老百姓已经有半年多没有见到中国军队的影子了。至于那些多如牛毛的“游击队”，大都是一些流氓、地痞、土匪或逃兵组成的乌合之众，对日寇游而不击，老百姓则不胜其扰。

先遣支队出发的第5天，天不亮就开始下雨，战士们的衣服、背包都淋湿了。粟裕派人去附近村庄联系，找一个避雨的地方，老百姓却都避而不见。派去的战士在村里转了半天，竟然找不到一个老乡。粟裕听完汇报后，一言不发，起身往村子里走去。他带着警卫员来到一家门楼高起的宅院前，敲了半天，才见一位50多岁、身穿长袍的乡绅来开门。听粟裕说明来意后，这位乡绅却直摇头："去年几十万国军，有那么多机枪大炮，都退走了，你们能同日本人抗争？还是到别的地方去吧，不要打不赢日本人，让老百姓遭殃。"粟裕赶忙解释说："现在国共合作抗日，是一定能够打败日本鬼子的。"乡绅满是不屑，语带讽刺地说："既然抗战会胜利，为什么徐州又要撤退？现在南京没有几多鬼子，为什么不夺回来？"

粟裕刚想再说什么，大门却沉重地关上了。他们又走访了几户人家，同样吃了闭门羹。无奈之下，只好带部队在村外的野地里冒雨休息，啃点干粮充饥。

到了晚上，部队仍然没有找到住宿的地方，有的干部提出来强行进村，被粟裕严厉制止了。部队经过几天的急行军，已经疲惫不堪，许多战士往泥地上一坐就睡着了。粟裕看在眼里，疼在心里。他下定决心，必须尽快争取人民群众的信任，打开局面，建立抗日根据地。只有军纪严明的部队，才能赢得群众的信任。粟裕下令，任何人不得进村，改在村头的小树林里派出警戒，原地宿营。

5月的江南，阴雨连绵，春寒料峭。战士们把破旧单薄的行军被对折后铺在地上，和衣而卧。开始时又困又累，很快就睡着了。半夜里冻醒后，却再也难以入睡。有的战士就两三个人挤在一起睡，靠体温互相取暖;有的战士则起来小跑一会儿，然后再躺下睡。粟裕披着被子，斜倚在一棵小树上，和战士们一起苦苦熬到天明。

为了躲避敌人的侦察，先遣支队常常夜间行军。一些不明真相的群众，把新四军当成土匪游击队开枪袭击。部队迅速疏散隐蔽，并派人向群众喊话："老乡们，不要打了，我们是新四军，是打日本人的。"但枪声依然响个不停。战士们气愤地要求开枪还击，粟裕则告诉参谋传令："谁开枪就枪毙谁！"开枪袭击队伍的群众一连几天不见新四军还击，便悄悄地退走了。

先遣支队以秋毫无犯的模范行动，证明了新四军是人民的队伍，逐步取得了群众的信任、拥护和支持，新四军的美名很快在江南流传开来。长久以来，江南群众中流传着这样一句话："出门遇到兵，有理讲不清。"现在大家把这句话改成："遇到新四军，亲如一家人。"粟裕反复强调，对群众不能直呼"老百姓"，要亲切地称呼"老乡"。在抗日报国的共同信念之下，新四军指战员与老乡们结下了深厚的战斗情谊。乡亲们把战士们请到家里做客，协助先遣支队送信、带路、打探消息、捕捉敌探、破坏敌人交通，还出现了牺牲自己生命救护新四军伤员的感人事迹。

经过近一个月的长途艰难行军，先遣支队终于到达南陵县城，受到当地群众的热烈欢迎。当天晚上，部队在县城东门外宿营。政治部主任钟期光如释重负地说："终于到达目的地了，今晚可以美美地睡上一觉。"谁知半夜时分，粟裕突然把他叫醒了："钟主任，快起来，我们立即转移。"钟期光见并没有什么情况，一边打着哈欠一边责备粟裕:

"怎么搞的，你是不是打游击打出神经病来了？"粟裕说："怎么会呢。我预感今晚不会平静，我们刚来，还是小心些好。"钟期光早就听说粟裕料事如神，连陈毅都佩服他，所以还是同他一起集合部队。部队紧急集合完毕后，粟裕当众讲话说："同志们，我们是负有光荣任务的部队，群众之所以欢迎我们，是因为我们不是从前方溃逃下来的，而是向敌人开进的。但也正因为如此，我们必定受到了敌特、汉奸的监视。这里离敌控的芜湖很近，说不定我们的行踪已经被敌人发觉了，敌人很可能对我们发动突袭。因此我们决不可高枕无忧，必须立即转移。"

果不其然，天刚破拂，敌军的飞机就来了，在南陵城东门上空盘旋，俯冲扫射，狂轰滥炸。这时的先遣支队，早已经在粟裕的带领下，安全转移到麒麟桥一带山村宿营了。指战员们被爆炸声惊醒，望着东门外腾起的滚滚烟尘，都由衷佩服粟裕指挥英明。那些在转移途中还在发牢骚的战士们，这下更是佩服粟司令料事如神。南陵群众开始都在为先遣支队的安危担心，后来发现他们安然无恙，都惊喜地议论纷纷，称赞这支部队是神兵。国民党东北军部队也称赞说，新四军指挥员有远见，敌人飞机炸了个空。

钟期光

先遣支队到达苏南后，进一步调查了当地的地理环境、社会历史、民俗风情、经济文化、各阶层民众的思想动态等。他们在当地捕捉汉奸密探，召开群众座谈会，揭露日军的野蛮暴行，宣传共产党的抗日纲领，激发群众的抗敌热情，为新四军主力在江南敌后开展游击战争、建立抗日根据地，做了充分的准备工作。

先遣支队走到哪里，就把宣传工作做到哪里。在乌溪镇，先遣支队召开群众大会，粟裕站在一张方桌上对乡亲们说："我们新四军为驱逐日本帝国主义出中国来到敌后南京城下，为执行中国共产党的抗日救国'十大纲领'解放江南人民而斗争到底！新四军是保障人民利益的队伍，要开展抗日游击战争，收复失地，希望各界人士大力配合。"在小丹阳、薛镇，粟裕多次主持召开地主士绅、民主人士参加的座谈会。在亭头，粟裕接见了安徽当涂青年抗日救亡团负责人朱昌鲁。救亡团的成员主要是学生和小学教员。朱昌鲁向粟裕详细汇报了救亡团的情况，并提出参加新四军的要求。粟裕高度赞扬了救亡团的行动，答应了他们的请求，并派政治处干部陈雨笠负责指导救亡团的工作。薛镇地区的刘一鸿是当涂县采石镇邮电局局长、国民党员，毅然带了队伍参加新四军。他激动地对粟裕说："我为何要投奔共产党，道理很简单，蒋介石不抵抗，国民党太腐败！我是中国人，不甘忍受日寇的蹂躏欺侮。我要抗日，所以我到新四军来了。我要把鲜血洒在疆场上！"

6 月 6 日，陈毅率新四军第 1 支队主力进入江苏高淳。先遣支队得到消息，立即前往迎接。8 日，两军在溧水附近的剧新桥胜利会师。粟裕根据敌后侦察 20 天的情况，向陈毅作了长达 5 个小时的详细汇报，陈毅对先遣支队卓有成效的工作极为满意。

先遣支队深入江南，获得了大量第一手资料。粟裕不负厚望，几乎每天都要把部队行动和侦察得到的情况发电报告给军部，并亲自动笔写了一份综合报告，派专人送回皖南。他根据敌后战略侦察的信息，对江南地区错综复杂的军事、政治、经济、社会形势以及地理环境、群

挺进苏南敌后的新四军部队

众情况等，作了极其详细的分析汇报，提出了自己的看法和建议。他指出："从敌我力量的对比来看，在江南敌人处于优势，我们处于劣势。但新四军挺进江南具有重要战略意义。"他既分析了在敌后开展活动的种种困难，又详细阐述了在不利条件下做好群众工作、开创抗日局面的做法和经验，为新四军主力挺进江南提供了重要参考。

粟裕率先遣支队深入江南，圆满完成了战略侦察任务。新四军军部专门发电称赞："先遣队的确起了先锋作用，奠定了我们在江南发展和胜利的基础。"新四军波澜壮阔的江南抗战局面，就此拉开了序幕。

五 | 弯弓射日

新四军初到江南，很快打开了局面，使当地群众初步了解了这支抗日队伍。但他们心中仍在嘀咕："新四军好是好，可是队伍少，武器差，能打败鬼子吗？"江宁铜山镇叶家庄有一个叫叶文明的士绅，有一次直言不讳地对粟裕说："你们讲的抗日大道理非常正确，你们这支部队作为抗日宣传队是无可非议的。如果你们真要同日军交战，就不那么简单了。国民党百万大军，还有飞机、大炮、坦克支援，在上海、南京都遭到惨败，何况你们……"

联想到深入苏南敌后以来的所见所闻，一个重要的问题一直在粟裕脑海中盘旋：日本侵略军步步进逼，国民党正规军节节败退，老百姓普遍对抗战胜利缺乏信心，苏南的形势和群众的情绪，都向先遣支队提出了一个非常紧迫而责无旁贷的问题——尽快打一个胜仗！江南群众需要用一个胜仗来激发抗日热情，坚定胜利信念；新四军将士需要用一个胜仗来显示战斗威力，狠煞日军气焰。这些天里，只要一有空闲，粟裕就对着地图琢磨：新四军进入江南后的第一仗，只能胜不能败！那么，这一仗应该怎样打？应该选在哪里打？

恰在这时，先遣支队迎来了新的战斗任务。6 月 11 日，粟裕接到军部转来的第 3 战区司令长官顾祝同的命令，限令先遣支队在 3 日内率部赶到京沪铁路线，破坏敌人交通，以牵制日军会攻武汉。新四军军部决定，粟裕率先遣支队和第 1 支队各一部，共 4 个连的兵力，携带电台 1 部，从现地出发，务于 3 日内到达镇江、龙潭间，完成破坏该段铁路的任务，并将战况及敌情随时报告。

军令大如山。粟裕立即召集营以上干部召开紧急会议，研究部队的行动计划。由于长期艰难行军，先遣支队非战斗减员很多，他请陈毅再派一些身体素质好的战士支援这次行动。陈毅当即决定，再从第 1 支队抽调 100 多人组成 1 个加强连，拨归粟裕指挥，同时命令第 1 支队两个营赶往镇江一带活动，策应先遣支队的行动。

粟裕立即督促部队进行了紧张的战斗准备，于当天下午 4 时向作战地域进发。根据上级通报的周边敌情，敌军在天王寺有 200 多人，溧水 600 多人，句容 400 多人。当面之敌，在龙潭镇有 40 多人，仓头、下蜀、桥头等地各有 20 多人，高资 30 多人。敌人虽在各个据点人数不多，但连点成线，交通便利，往来策应，而且堡垒坚固、装备精良，给新四军执行任务造成很大困难。按照行军计划，先遣支队准备于当晚即通过天王寺与溧水之间的公路封锁线，不料被国民党军第 76 师一部所阻，虽然经过交涉，仍未能迅速通过，延迟了 3 个多小时。由于夜色已深，路滑难行，不能保证在天亮前通过封锁线，只得先在王庄宿营。为做到秘密行动，第二天白天仍然不能行动，午后才开始从王庄出发。此后的行动比较顺利，经过 3 个晚上的夜行军，于 15 日拂晓前到达句蜀公路以东的徐家边隐蔽待机。

根据部队在徐家边了解到的敌情，驻守在京沪铁路上的下蜀街之敌，每到晚上会移驻到西面1公里外的火车站和庙里，并构筑有简单的防御工事。粟裕带领部队于15日下午4时出发，当晚10时到达下蜀街，执行破袭铁路的任务。由于所带的爆破材料不能使用，决定兵分三路：以1个连对西面火车站之敌进行警戒，必要时采取佯攻以掩护破袭铁路；以1个排向东警戒；其余部队全部以手工方式破袭铁路。在当地群众的帮助下，大家迅速行动起来，拔道钉、撬铁轨、搬枕木、剪电线……经过四个半小时的奋战，成功破坏铁路、电线40多米。任务完成后，警戒部队向火车站之敌佯攻，敌军凭险据守。我军并未强攻，在袭扰敌军的同时，散发传单，张贴标语，虚张声势，扬言要在数日内攻克句容县，以造成敌人恐慌，引诱敌军增援。完成任务后，部队安全撤退到下蜀街以南20公里外的东谢村宿营。

16日上午8时左右，敌军1辆火车驶到下蜀街一带时出轨，京沪铁路交通被迫中断数小时。气急败坏的日军，一面抓紧抢修被新四军破坏的铁路，一面派来7卡车士兵在事发地点附近示威。此外，还在各据点增加了守备兵力，准备在东谢、西谢及普渡桥一带进行搜剿。这时，粟裕已经率领先遣支队迅速脱离战场，在酝酿下一场痛击敌人的行动了。

下蜀街破袭铁路是一次很小的作战行动，但充分展示了新四军的战斗力。部队连续雨夜行军，克服身体的极度疲劳，做到了行动迅速、隐蔽接敌，而且情绪高涨、斗志昂扬，还进行了有效的政治宣传，扩大了抗日队伍的影响。行军过程中，携带的电台灯泡烧坏了，为便于行动，粟裕专门派分队掩护电台返回到茅山一带，其余部队加速前进，保证了任务顺利完成。粟裕在战后所写的报告中，也指出了这次行动中暴露的不足，主要是部队缺少爆破器材，且行动仓促、经验不足，导致破坏铁路的效率不高。

破袭任务胜利完成了，粟裕决心一鼓作气，打好新四军挺进江南的第一个胜仗。他把目光投向了韦岗。这个并不起眼的小地方，将会因接下来的一场战斗而名扬天下。

粟裕问大家："就这样回去呢？还是再会会日本鬼子、过过枪瘾？"大家齐声说："过枪瘾！""还没有和日本人照面呢！"粟裕果断说："我们到韦岗打一仗！那里的地形我研究过了，对我们相当有利，现在这种糟糕天气正利于我们秘密行动。让大家看一看，我们新四军到底能不能打日本鬼子！"

他摊开地图，一手握住竹枝，若有所思地说："四年前，在方志敏同志领导的抗日先遣队里，我被任命为参谋长，但那支抗日先遣队的历史使命没有完成。四年后的今天，我们又搞出一个先遣队，胜利地挺进到苏南，现在我们面对着方志敏同志所预计的一个新的形势了，'雷压竹头低，低下欲沾泥。一朝红日起，依旧与天齐！'……"

韦岗位于镇江西南 15 公里处，离部队现在的宿营地并不远，前一段时间粟裕侦察敌情到过这里。韦岗位于江苏省镇江市丹徒与句容交界处，镇（江）句（容）公路从这里蜿蜒通过，是南京到镇江之间的交通要点，也是敌人运输车辆的必经之地。如果出敌不意把日寇的车队截住，肯定会给敌人以沉重打击。此外，韦岗四周岗峦起伏，树木茂密，道路狭窄，是一个打伏击战的好地方。

为了确保首战必胜，粟裕决定专门派人再去韦岗一带侦察敌情。但是，两次侦察的情报都不够准确详尽。粟裕问大家："你们哪位同志有办法侦察到详细的敌情？"这时，侦察员邹志成自告奋勇站了出来。

韦岗伏击战战场遗址

他利用身材矮小的特点，化装成一名放学回家的中学生，来到敌人汽车必经的路段，把所有情况摸得一清二楚。回来后，他向粟裕做了详细汇报，认为公路两旁都是山地，适合打伏击战，还提出了具体的作战建议，受到粟裕的表扬。

16日晚，大雨如注。部队不便行动，在杜村宿营，并进行了战前准备和动员。自11日起，部队连续雨夜行军、侦察警戒、破袭铁路，已经十分疲劳，病员也增加到10多人，如果全部参战，不仅行动迟缓，而且影响战斗力的发挥。因此，粟裕决定集中精干力量参加这次行动，由每个连队挑选2个步兵班，侦察连另选1个短枪班、1个轻机枪班，共计8个战斗班100余人参加战斗。其余部队及病号、行李等，经徐家边、小芦荡、东昌街等地，到上元庄附近待命。粟裕亲自给部队作了战斗动员，强调江南首战的重要意义，向大家提出吃苦耐劳、迅速、隐蔽、灵活、勇敢等战斗要求，并强调："为了求得秘密，伏击队必须在夜间急行军出发，拂晓前进入伏击阵地，采取突然行动。"

16日夜间，参战人员进行了通宵的准备工作，大家既兴奋又紧张。许多人跑到粟裕和钟期光那里，这个问“打汽车先打哪里呀？”，那个问“我们不会讲日本话，向鬼子喊话怎么喊？”粟裕对大家说：“打鬼子我同大家一样，都是新娘子坐大花轿——头一回，也没有经验。主意大家定，办法大家拿。”树林里，山坡上，一组组的战士在商谈着、争论着。第7连第1班是主力班，还有1挺轻机枪。连长对高个子机枪手说：“你可要沉着，打得要准、要猛，但不能浪费子弹！”高个子战士一口答应下来：“包在我身上！”班里的一个小鬼故意与他为难，逗他说：“你先别吹牛，你知道打汽车该打哪里呀？”高个子战士说：“把开车子的打死了，汽车不就僵了？”又反问道：“你说怎么个打法呢，小鬼？”“我说应该打轮胎，把轮胎打出气了，车不就跑不动了吗？光打死开车的，说不定再冒出个活的来，把车开走了呢？”机枪手不服气地说：“你也先别吹牛，日本鬼子的汽车一到，我看你就傻了眼啦。”小鬼反驳道：“你也先别气人，战场上看吧，我一定要缴一支东洋造！”

17日凌晨2时，夜色深沉，风雨交加，粟裕率领部队出发了。指战员们沿着曲折泥泞的小路，一路向伏击地点疾进。8时左右，部队到达赣船山口预定伏击阵地。赣船山位于镇句公路东侧，标高198米；高骊山位于公路西侧，标高455米。公路在两山脚下形成一个弯道，两边的小山包上都是阔叶树，便于部队隐蔽掩护；另有两条小路，利于部队快速撤出。这的确是一个伏击敌人的理想地形。

8点10分左右，从镇江方向开来的第1辆日军汽车，最先驶入伏击地段。侦察班按照粟裕的命令，按兵不动，让敌车通过，以断其退路。敌车继续开进时，由于机枪手尚未占领伏击位置，仓促间向敌车头射击，

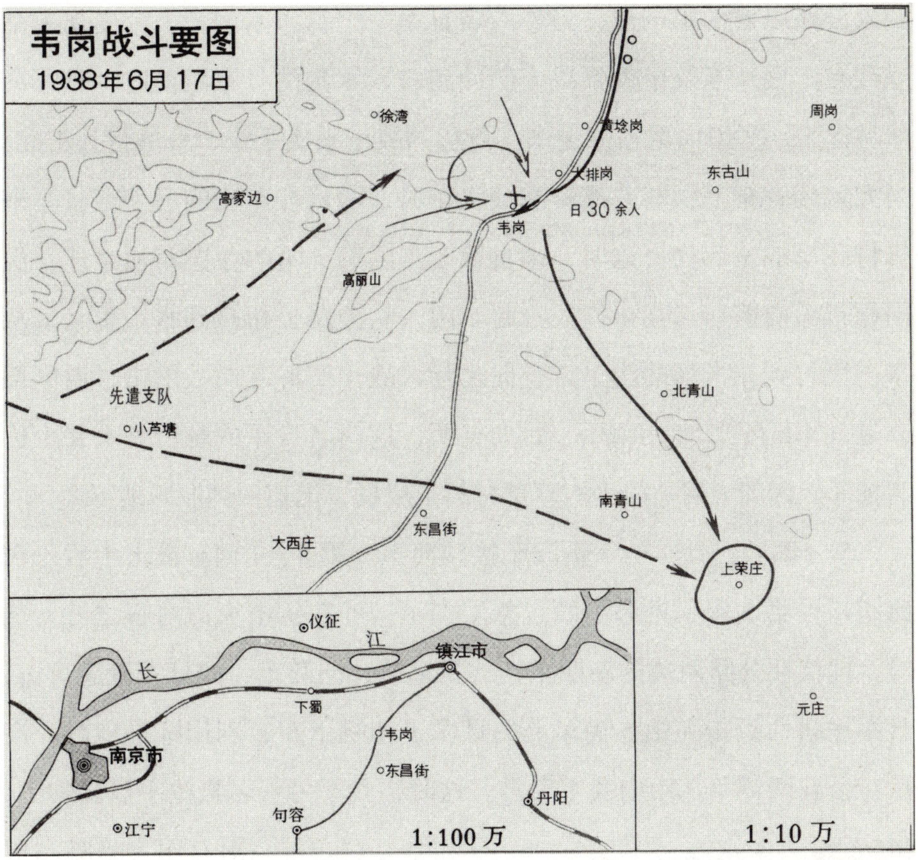

韦岗战斗要图

将其汽缸击穿，但敌车仍向前猛冲了500多米才停下来。由于我后续部队尚未赶到，使得这股敌军全部弃车逃走。随后，我军后续部队赶到，以两个班向句容方向警戒，一个班向镇江方向警戒，其余部队占领阵地，准备截击后续车辆。

六七分钟后，第2辆敌车驶入伏击阵地。或许是雨天和大雾帮了新四军的忙，敌人并没有发现前面的情况。当汽车进入50米内时，我军机枪、步枪、手榴弹一齐开火，击毙了日军驾驶员，汽车随之失控，翻入公路以西的水沟里，另外两名日军一个跌入水沟，一个受伤乘乱躲藏在车底。当粟裕带领战士们冲到跌入水沟的日军跟前时，日军突然跳起来，举刀向粟裕砍过来。身边的战士眼疾手快，一举将其击毙。当大家搜查车上物资并准备烧毁汽车时，潜伏在车底的另一名日军乘机将我军战士刺伤。这时，来自第 3 支队第 5 团的参谋兼侦察连长温国德奋勇向前，与其扭打在一起。两人从公路上扭打到水田里，又从水田里打到几米深的沟里。仓促之际，战士们群起向敌射击，温国德夺过日军的军刀将其刺死。后来查明，这两名日军的身份是土井少佐和梅泽武四郎大尉。战士们草草打扫了战场，迅速回到原阵地待命。

5 分钟后，日军的 3 辆汽车接踵而至。第 3、4 辆车被击中后停在路南口，第 5 辆车见势不妙，急忙刹车，停在伏击火力射程之外。这时，埋伏在公路两边的新四军指战员迅速冲向敌车，向日军发起攻击，日军也拼命反击。第 5 辆车上的日军迅速跳下车，利用地形地物，潜伏在公路两侧草丛中向我军射击。这时，我军另一名机枪手居高临下，对日军实施瞰制射击，很快将敌击溃。由于距敌最近的短枪班火力较弱，因此第 5 辆车得以抢回几名伤员，狼狈逃离战场，另有少数日军从公路西侧水沟中泅水逃走。

韦岗战斗

战斗结束后，我军迅速打扫战场，收集战利品，击毁剩余敌车。战士们早就听说日军训练有素，装备精良，烧杀抢掠，无恶不作，但这是第一次见到真正的日本人，都忍不住围着被打死的日军看稀奇。

这次战斗历时半个小时，共击毙日军少佐土井、大尉梅泽武四郎以下 13 人，击伤 8 人，击毁敌军车 4 辆，缴获步枪 20 余支、手枪 2 支、指挥刀 1 把、军旗 1 面，以及日钞 7000 元、军用品 4 卡车，取得了一次干净利落的胜利。

土井是这次战斗被击毙的最高级别的日军。当时，土井狗急跳墙、举刀袭击粟裕时，跟在粟裕身后的警卫班长孔诚快步赶上，飞起一刀结果了他的性命。孔诚动如脱兔，勇猛顽强，彰显了这次战斗的英雄主义色彩。战后，首长破例把缴获的这柄军刀奖给孔诚，允许他终生佩用。新中国成立后，孔诚曾任四川省军区副司令员等职。2005 年抗日战争胜利 60 周年时，他把这柄珍贵的军刀赠送给了四川省（陈毅军长的家乡）历史博物馆。在北京参加抗战胜利纪念活动时，一起参加过韦岗战斗的老战友张铚秀，见孔诚没有佩带极为珍视的军刀，忍不住问道："老孔，夺过的那把战刀呢？是不是'廉颇老矣'，带不动喽？"孔诚连忙解释说："哪能，哪能！熬不过军长的情义，献给天府之国了……"这是后话。

战斗胜利后，粟裕指挥部队迅速分路撤离战场。新四军撤离不到 2 公里，日军就从镇江方向开来了 17 辆卡车和 1 辆坦克，大肆轰击并将附近房屋烧毁。随后，3 架敌机也赶来进行低空侦察。但这时我参战部队已顺利撤退到上元庄，与大部队会合。

韦岗战斗虽然规模不大，但由于发生在已经沦陷半年之久的苏南，

第1支队1团的团、营领导干部合影。左3为张铚秀

又是新四军出师江南第一战，因此引起了极大的轰动。当时，日军在中国不可一世，在江南气焰熏天，极力渲染“日军不可战胜”的神话。国民党数十万正规军，以及不计其数的杂牌军，在日军猖狂的进攻面前，或者力战不胜，或者望风而逃，有的甚至打着抗日游击的旗号专门“游吃”“游劫”，根本不敢主动与日军交锋。新四军在这种局面下横空出世，不但真敢打“萝卜头”（江南群众给日军起的绰号，因其帽顶高耸而得名），而且旗开得胜，大快人心，一下打出了中国人的威风，打出了新四军的威名。从此，江南地区的日军、国民党军以及各界社会力量对新四军刮目相看。新四军以积极抗战的姿态和一连串的胜利，赢得了人民群众的由衷信任和交口称赞。老百姓欢欣鼓舞，奔走相告，还对韦岗战斗作了神奇的宣传：有的说新四军打死了800、8000多日军；

有的说指挥作战的粟裕是个双枪司令，一枪能打10个鬼子；还有的说新四军马上就要攻打南京、上海……

这里还有一个很有意思的小插曲。韦岗战斗结束没几天，国民党第3战区某游击司令部派人来找粟裕，向新四军要日本步枪2支、手枪1支、军刀1把、望远镜1架、军大衣1件、军帽1顶、皮鞋1双等，并提出愿意以1挺机枪换1支日军步枪。粟裕笑着对他们说："你们要，我们可以送给你们，只要第3战区司令长官部打个收条给我们。"来人听后，灰溜溜地走了。有的战士对粟裕的做法很不理解，问道："粟司令，人家出高价同我们交换，赚钱的生意你不做，还要白送给他们？"粟裕笑眯眯地说："你们都是小傻瓜，如果按来人的意思做了，我们就上当了。他们如果得到这些日本武器装备，就可以拍出照片，到处吹牛皮，说这仗是他们打的。"经粟裕一指点，大家才恍然大悟。

韦岗战斗结束后，粟裕给新四军军部写了一份长达五六千字的报告《下蜀街铁道之破坏及卫（韦）岗之处女战》。这份报告分为两个部分，第一部分汇报了奉命破坏京沪铁路的经过，第二部分汇报了韦岗战斗的经过。在这份报告中，粟裕以"处女战"来定性韦岗初战，特别强调了这一胜利的重大意义：

（1）这是本军出动江南的处女战。这一胜利，真是旗开得胜，因此，大大的提高了战斗情绪及本军的战斗政治影响。

（2）自南京失陷后，江南广大人民未见过中国军队，更未见过中国军队的胜利，这次战斗大大的兴奋了群众。

（3）战区司令长官给我们的任务，只是破坏京镇铁道，但我们不仅

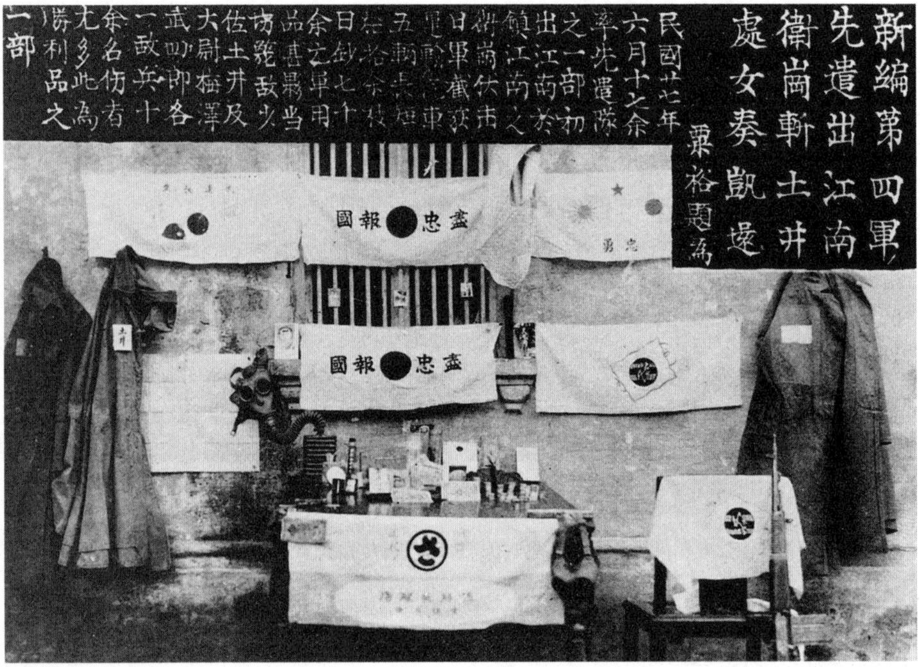

韦岗战斗缴获的部分胜利品

完成了破坏铁路的任务，而且更加倍的取得了战斗的胜利，这使本军提高了在抗战军队中的地位。

（4）打击了日寇横行无忌的行为。

粟裕全面总结了我军在初战中表现出的优点和弱点。我们的优点主要有：士气旺盛，经过连续数夜冒雨急行军，仍能斗志高昂、连续作战甚至与敌肉搏；机枪在仓促间对敌实施纵射，效果非常显著；行动迅速、隐蔽突然，尤其是雨天行军、少人外出，更确保了秘密；天气大雨有雾，地形利于伏击；群众工作好，帮助运输伤员，我军撤退后敌军无从知道我去向，等等。

我们的弱点主要有：因天雨路滑未能提前赶到伏击地点，致使仓促应战，未能全歼敌人；因部队连续作战、过于疲劳，有部分人员掉队；参战人员太少，除警戒人员外，实际作战部队少于敌人，截获的军用品不能全部运走；手榴弹投掷技术差，火力未能及时布置纵深；驳壳枪班火力弱，未能截断敌人退路，致使一部逃脱；射击技术不如敌人；不注意利用地形地物，等等。

粟裕还客观地分析了日军的弱点及优点，指出日军射击技术准确，善于利用地形地物，善于游泳（从水沟中逃走），遇变沉着，增援迅速等。他还特别注意到，敌车上所装的大多是日本国内的慰问品，还有日本女学生绘赠前线日军的图画，“这表示敌国做了相当的动员工作”。

粟裕根据这次战斗的经验教训，总结了伏击敌人汽车的十条注意事项，涉及地形选择、障碍设置、火力配置、伏击时机、打击重点、战利品处置、撤离战场及善后工作等方面，为后来的对日作战提供了宝贵经验。

陈毅听到韦岗初战大获全胜的消息，在宿营地又看到几百名群众兴冲冲地来参观战利品，高兴地说：“江南处女战打得很好！”他还诗兴大发，口占一绝以示祝贺：

故国旌旗到江南，终夜惊呼敌胆寒；
镇江城下初遭遇，脱手斩得小楼兰。

1977 年《陈毅诗词选集》出版时，这首题为《韦岗初战》的诗正式定稿为：

弯弓射日到江南，终夜喧呼敌胆寒；

镇江城下初遭遇，脱手斩得小楼兰。

这首诗生动地描述了陈毅和新四军将士的昂扬激情和胜利喜悦，

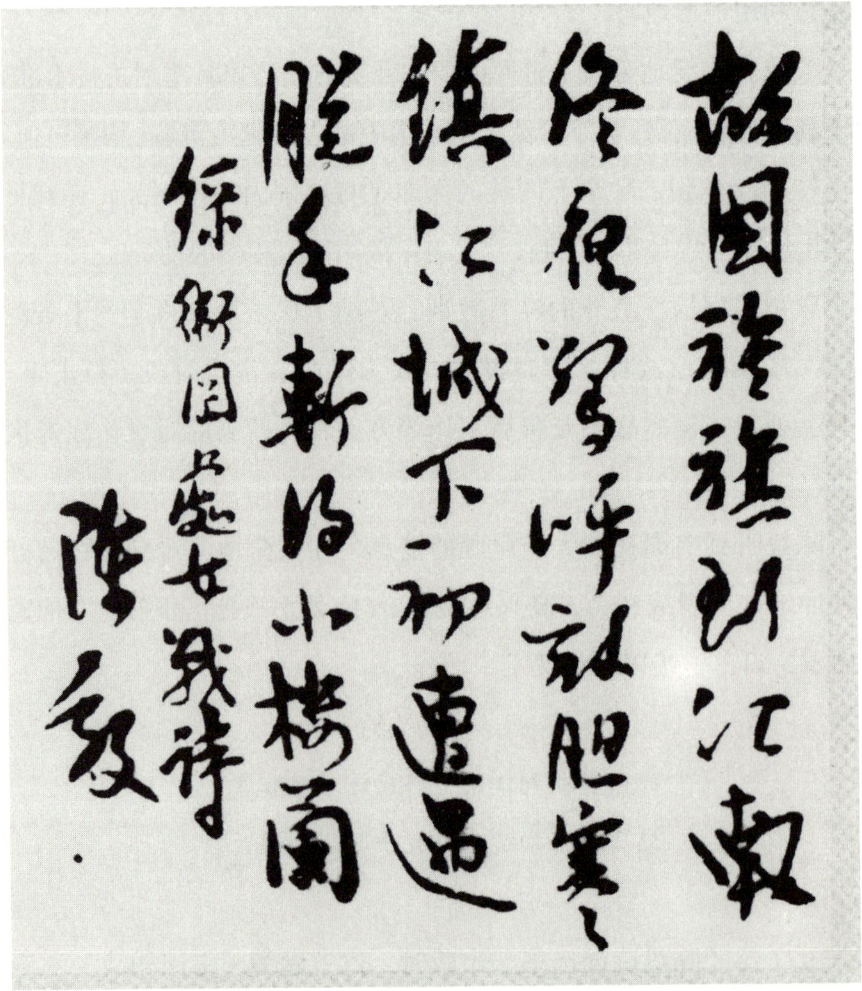

陈毅题诗祝贺韦岗战斗告捷

高度赞扬了粟裕出神入化、举重若轻的指挥艺术。诗句巧妙地化用了唐代诗人王昌龄的《从军行》："青海长云暗雪山，孤城遥望玉门关。黄沙百战穿金甲，不破楼兰终不还。"充分抒发了杀敌报国、不胜不还的战斗豪情，用典贴切自然，令人深受感染，因此广为流传。

平时很少作诗的粟裕，在兴奋之余也赋五言诗一首，题为《韦岗初胜》：

新编第四军，先遣出江南。
韦岗斩土井，处女奏凯还。

韦岗战斗胜利的消息很快传遍了全军全国。新四军军部发电盛赞先遣支队此战的意义，并"在全军表扬，号召全军学习"。国民政府军事委员会也向新四军军部发了嘉奖电："叶军长：所属粟部，袭击韦岗，斩获颇多，殊堪嘉尚。"

韦岗战斗后，先遣支队的干部和侦察连分别归建，回到原来所属的支队。先遣支队胜利完成任务，结束了历史使命，新四军将士们踏上了新的征程。

六 | 永载史册

1938年上半年，刚刚组建不久的新四军，主力部队还分散在大江南北，武器装备不仅落后于日军，也落后于国民党军队。在这样的背景下，他们勇敢地挺进敌后，挥师皖中，进军江南，在蒋家河口首战告捷，在韦岗痛击日军，打赢了新四军出师江北、江南的第一仗，打出了新四军的赫赫威名，具有重要的历史意义，必将永载抗日战争的史册。

蒋家河口战斗胜利后，第4支队继续在皖中地区灵活打击敌人，开辟抗日局面。支队派出宣传队深入群众，进行宣传和组织活动，成立工人、农民、青年、妇女等抗敌协会，并派人协助中共地方组织建立和发展人民自卫队等抗日游击武装，先后在庐江、巢县、潜山等地组建了4个游击大队。8月上旬，第4支队将地方游击武装统一整编为第2游击纵队，共有1000余人。12月，又将一部扩编为江北游击纵队。同时，第4支队为配合正面战场作战，采用伏击、袭击战术，在皖中各地积极出击，取得大小数十次战斗的胜利。至1938年11月，共毙伤日军1000余人，俘虏10人，击毁日军汽车150余辆，缴获大批武器弹药和军用物资，破坏了日军的运输线，并先后攻克无为、庐江两城，歼灭反动保安团队2800多人，初步打开了皖中的抗日局面。

韦岗战斗胜利后，先遣支队各部归建。在先遣支队战略侦察的基础上，新四军主力先后进入苏南地区。1938年6月间，第1支队主力

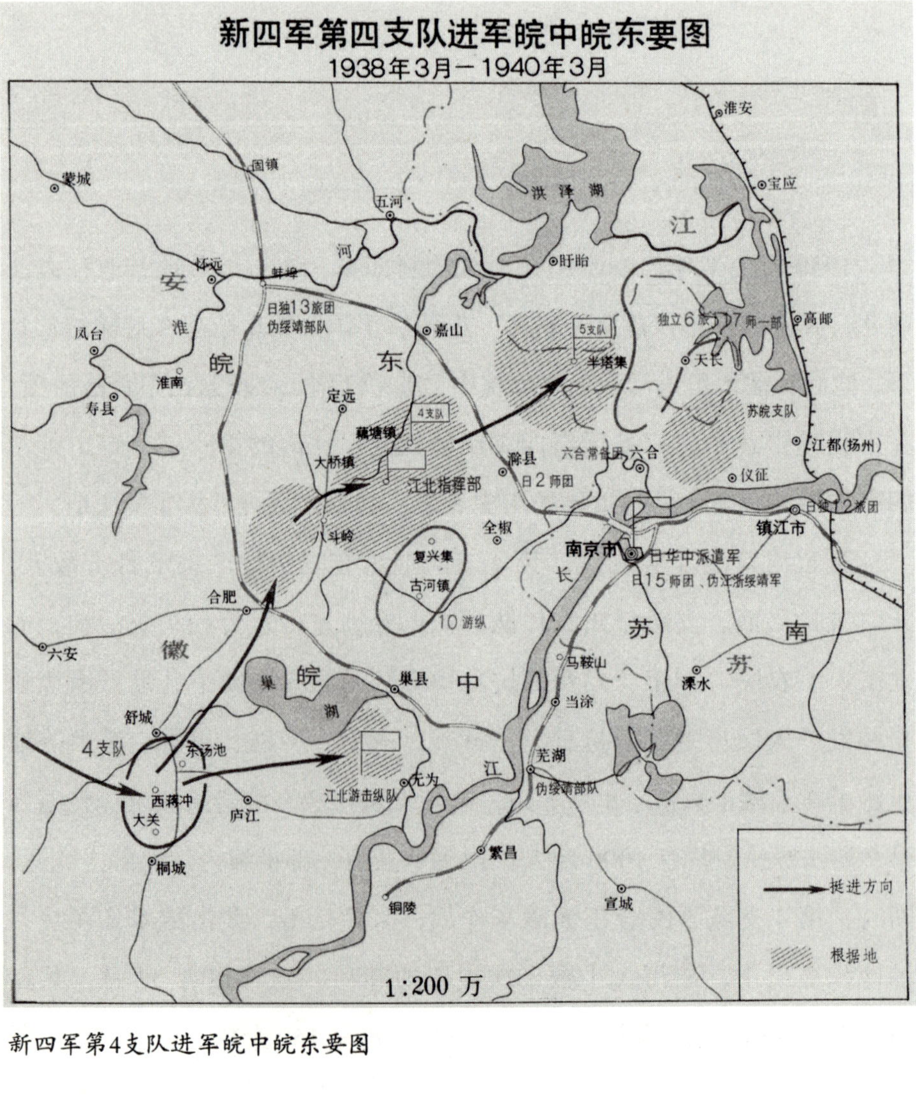

新四军第4支队进军皖中皖东要图

展开于以茅山为中心的镇江、句容、金坛、丹阳、江宁、溧水一带。随后，第 2 支队主力从皖南分批出发东进。8 月间展开于（南）京芜（湖）铁路以东、京杭公路以西的江宁、当涂、溧水、高淳地区。为争取苏南群众的支持，新四军派出战地服务团和民运工作组，深入广大

新四军第1、2支队进军苏南敌后和向东向北发展要图

乡村，广泛宣传党的抗日救国十大纲领，与人民群众建立起亲密的关系，唤醒了群众同仇敌忾的抗日决心。苏南群众喊出“吃菜要吃白菜心，当兵要当新四军”的口号，掀起了踊跃参军的热潮，抗日队伍不断壮大。新四军还争取了延陵、茅山、句容、金坛、江宁、当涂、小丹阳等地绝大多数的各种游击武装，使之成为共产党领导下的抗日力量。至1938年底，新四军在苏南敌后广泛出击，发挥近战、夜战的特长，连续取得新丰、小丹阳等200多次战斗的胜利，歼灭日伪军3000余人，缴获大批军用物资，补充了部队装备，扩大了新四军的影响，在江南敌后站稳了脚跟。以茅山为中心的苏南抗日根据地初步形成，为进一步进入江北抗战奠定了基础。

蒋家河口战斗遗址，位于今天的安徽省巢湖市银屏镇。如今，这里山水秀丽，景色宜人，已很难寻觅到当年枪林弹雨的战斗痕迹。时间的流逝，并没有使人们忘记那场具有特殊意义的战斗。新中国成立后，高志荣、唐少田、黄仁庭等战斗的指挥者、亲历者，都曾重游战地，并叮嘱当地政府不要忘记历史。1998年5月，巢湖市人民政府为纪念蒋家河口战斗，在遗址上建立了一座纪念碑。纪念碑现矗立在三胜圩的蒋河闸大坝上，正面是叶飞题写的“蒋家河口战斗遗址”八个遒劲有力的大字，背面书写着蒋家河口战斗的简要过程。蒋家河口战斗遗址是巢湖市爱国主义教育基地，也是安徽省红色旅游“抗战烽火”线路上的重要景点，已成为对青少年进行爱国主义教育和革命传统教育的生动课堂。

在安徽泾县新四军军部旧址纪念馆的众多藏品中，有一面日本国旗尤为引人注目。这面旗子为丝绸质地，右侧上下方分别有两个三角形

蒋家河口战斗遗址

金色硬纸质包角，右侧竖排上写有“赠加藤茂君”“加藤博久”等字样。旗的中部太阳图案正上方自右向左横排有“祈武运长久”5个大字，围绕着太阳四周有多达159个日本人的签名。据捐赠者介绍，这面国旗是一位新四军女战士的珍藏，是蒋家河口伏击战中缴获的战利品。这面来历非凡的日本国旗，不仅是当年日本穷兵黩武、侵略中国的如山铁证，也是新四军坚持抗战、奋勇杀敌的有力佐证。

韦岗战斗遗址，位于今天的江苏省镇江市西南骊山脚下，是国家重点文物保护单位。1985年，镇江市人民政府在韦岗建立了纪念馆。该馆由韦岗战斗胜利纪念碑和韦岗战斗陈列室两部分组成。纪念碑高25米，由郭化若题写碑名。碑顶是一支古铜色的步枪模型，碑身正面镶有铜铸碑名，碑座正面的浮雕上刻有新四军的标志（N4A），两侧分别镌刻着陈毅、粟裕关于韦岗战斗的诗篇。碑座上端的雕塑，表现了陈毅诗句“故国旌旗到江南”的意境。纪念馆内有韦岗战斗陈列室，以翔实的图片资料，生动地再现了新四军挺进苏南、首战告捷的历史场景。1997年，纪念碑被江苏省列为爱国主义教育基地。2005年，纪念馆划归茅山新四军纪念馆。2015年，纪念碑被列入江苏省第一批国家级抗战纪念设施、遗址和省级抗战主题爱国主义教育基地。

需要说明的是，韦岗这一地名，在最初的电报、报告以及陈毅、粟裕所写的诗中，都写作“卫岗”。在很长时间里，人们也都把这次战斗称为“卫岗战斗”。1983 年 5 月，军史专家王辅一为组织撰写《中国大百科全书》军事卷有关新四军的条目，专门到有关战斗遗址进行现场勘察。在到达“卫岗”时，偶然发现公共汽车站牌写的是“韦岗”而不是“卫岗”。这引起了他的注意。经查阅中华民国时期和新中国成立以来历版地图发现：国民政府 1919 年制印、1927 年复制和 1938 年 5 月出版的地图，都标注为“卫岗”；解放军总参谋部在 1958 年后出版的地图，都标注为“韦岗村”。到底哪一个是正确的呢？他们又专门发函请教当地党史研究部门。1983 年 7 月，他们收到中共丹徒县委党史资料征集委员会的函复：“韦岗位于镇江西南丹徒县石马公社韦岗村……韦岗因当地韦姓成村而名，自古皆然，非近代改名。”历史真相

新四军先遣支队及韦岗战斗历史陈列

这才大白于天下。民国时期地图上的“卫岗”显然是误标，而新四军在抗战初期所用地图多为国民党当局所发或战场缴获，也就沿用了“卫岗”的名称。新中国成立后，虽然新版地图早已改正，但“韦岗战斗”的名称问题并未引起人们注意，因此很长时间里没有改正过来。经过专家的努力考证，现在“韦岗”这一规范名称已形成共识。

韦岗战斗纪念碑的碑文，以简洁扼要的文字介绍了韦岗战斗的经过和意义：

一九三七年七月七日，卢沟桥事变爆发，日本帝国主义占领平津后，八月十三日，又大举进攻上海，发动了全面的侵华战争。是年十二月十三日，南京失陷，江南大好河山沦于敌手。日寇到处烧杀掳掠奸淫，暴行累累。江南人民奋起抗敌，救亡图存。

在中国共产党的倡导和全国人民的要求下，国共两党实现了第二次合作，南方八省红军游击队组成新四军，开赴抗日前线。新四军军部遵照中国共产党中央的指示，从第一、二、三支队所属的第一团至第六团中各抽调一部分干部战士，组成以粟裕为司令员的先遣支队，于一九三八年五月十九日进入苏南敌后，实施战略侦察。六月初，新四军第一支队在陈毅司令员率领下，进抵苏南。六月十五日夜，先遣支队和第一支队第二团一部，由粟裕统一指挥，在南京镇江之间的下蜀镇附近破坏铁路，使敌交通一度中断。十七日凌晨二时，该部再接再厉，冒雨继续东进，八时许到镇（江）句（容）公路之韦岗赣船山口设伏。是时，日寇运输队五辆汽车，由镇江方向开来，进入我军设伏阵地，粟裕率部立即向敌发起猛烈攻击。日寇仓皇应战，龟伏车底与草丛中顽抗。

韦岗战斗胜利纪念碑

新四军将士英勇杀敌，仅半时许便将敌歼灭，毙敌土井少佐以下十余名，伤数十名，毁军车四辆，缴长短枪、军刀、钢盔、军旗、军服等大批物资及日钞七千余元，获得大捷。韦岗战斗是新四军挺进江南敌后，抗击日本侵略者的第一仗。这一仗，威震江南，挫敌凶焰，鼓我士气，振奋民心，为尔后江南千百次战斗和建立以茅山为中心的苏南抗日游击根据地揭开了序幕。为了铭记新四军抗日将士的丰功伟绩，教育后代，继承和发扬抗战英雄的革命精神，同心同德，团结奋斗，努力建设社会主义现代化祖国，特在韦岗战斗原址立碑纪念。

“前事不忘，后事之师。”正如碑文中所写的那样，当年的战争早已硝烟散尽，但在社会主义现代化建设的新征程上，在实现中华民族伟大复兴的新长征路上，我们仍然需要铭记爱国将士的丰功伟绩，仍然需要弘扬抗日英雄的革命精神。忘记历史意味着背叛。只有铭记我们的历史，才能更好地开创我们的未来。这是历史的经验，也是历史的昭示。

主要参考资料

1. 中国人民解放军历史资料丛书编审委员会.新四军.北京：解放军出版社，1988–1994.

2. 康永生.新四军画传.成都：四川人民出版社，2005.

3. 郑云华，舒健.新四军抗战纪实.北京：人民出版社，2005.

4. 本书编写组.陈毅传.北京：当代中国出版社，2006.

5. 杨春长.驰骋江南逞英豪.南昌：二十一世纪出版社，2007.

6. 本书编写组.粟裕传.北京：当代中国出版社，2012.

7. 本书编委会.新四军战史.北京：解放军出版社，2015.

8. 张晓宇.理想在我心中.上海：中西书局出版社，2015.

9. 刘顺发.老兵话当年.北京：中共党史出版社，2007.

10. 卢海鸣.新四军江南首战地是“韦岗”.南京史志，1999（1）.